Can Dündar, yaklaşan global fırtınaya karşı hepimizi acilen, »Bir şey yap«maya çağırıyor. Artık dört yılda bir sandığa gidip oy vermenin demokrasiyi yaşatmaya yetmediğini anlatıp »Aktif demokrasi« çağrısı yapıyor. Popülizmin küresel bir salgın hastalık halinde yayıldığı, dünya nüfusunun yalnızca yüzde 4,5'inin tam demokrasi koşullarında yaşadığı günümüzde, siyasete aktif katılımın ve gür bir sesle haklarımızı savunmanın önemine dikkat çekiyor. Sosyal adalet ve ifade özgürlüğünü korumak için her birimizin neler yapabileceğini gösteriyor. »Artık ›Türkler‹ ve ›Almanlar‹ diye değil, ›demokrasiye inananlar‹la ›faşizmi destekleyenler‹ olarak ayrışıyoruz« diyor ve demokrasiye inananları yükselen despotizme karşı küresel dayanışmaya çağırıyor.
Şimdi ayağa kalkarsak, yarını kurtarabiliriz.

Can Dündar
Gazeteci, yazar, belgeselci …
Die Zeit gazetesi köşe yazarı …
2017 Nobel Barış Ödülü adayı.
#ÖZGÜRÜZ haber sitesinin yayın yönetmeni.
2016'dan beri Almanya'da sürgünde yaşıyor.

Can Dündar

BİR ŞEY YAP!

Aktif demokrasi için çağrı

Hoffmann und Campe

Türkiye'de karikatüristler genelde demokrasiyi bir güzellik kraliçesi olarak resmeder. Diri, alımlı, özgüvenli bir genç kadın ... Huzurun ve bereketin tanrıçası ... İnançlı ve savaşçı bir Jeanne d'Arc ... Kılıcıyla terazisini elinden eksik etmeyen bir Themis ...

Çocukluğum boyunca demokrasi, zihnimde böyle şekillendi.

Bugün, büyük savaşın üzerinden üççeyrek asır geçtikten sonra zihnimdeki güzellik kraliçesi yaşlı ve çelimsiz bir nineyi andırıyor. Batı'nın en doğusunda biri onun başını örtmeye çalışıyor, en batısında bir başkası onu mıncıklama telaşında ... Huzursuz ve yorgun demokrasimiz, gelecekten umudunu kesmiş, can çekişiyor.

O güzellik, ne zaman, nasıl böyle bir enkaza dönüştü?

Neden birden böyle çöktü?

Nerede hata yaptı?

DEĞİŞİM RÜZGÂRLARI

1989'u hatırlayın. Duvarın yıkılmasıyla yerküremizin üzerine düşen ışığı, kalıntıların arasından filizlenen umudu …

Scorpions, »Winds of Change«i söylüyordu coşkuyla … Soruyordu:

»Hiç böyle kardeş kadar yakın olabileceğimizi düşünebilir miydik?« Bizi birbirimize düşüren kanlı hatıraları ebediyen maziye gömmüştük. Umut kokuyordu hava … Değişim rüzgârları özgürlüğün çanını çalıyor, yüzümüze yarın inancı üflüyordu. Her yerde hissedebiliyorduk bunu …

Ne oldu o rüzgârlara?

Ne zaman yoruldu, neden tükendi soluğu?

Nasıl oldu da bereket anamız, yerkürenin dört bir yanında kendisine kıyacak çocuklar doğurdu?

Aslında ilk işaret fişeğini Leonard Cohen ateşlemişti. Duvarın yıkılmasının üzerinden üç yıl geçmeden, Avrupa hâlâ ansızın çıkagelen baharın coşkusundayken, »The Future« (»İstikbal«) albümüyle çok yakında karın tipilemeye başlayacağını haber vermişti.[1] Dervişlere özgü bir önseziyle uzaktan pişmanlık homurtularını duyuyor, yaklaşan fırtınanın kokusunu alıyor, Berlin duvarını geri istiyordu. Çünkü istikbali görmüştü. »İstikbal, katliam«dı. Yeni nizamın karnı,

1 *Future* albümünden: *Give me back the Berlin wall / Give me Stalin and St. Paul / I've seen the future, brother / It is murder.*

cinayet iştahıyla guruldayordu. Ütopyanın yerini, çok geçmeden belalı ikizi distopya alacaktı.

DURGUN DEMOKRASİ

Nitekim çeyrek asır sonra, 2017'nin »Demokrasi Endeksi«[2], Cohen'in bir şarkı sözüne sığdırdığı öngörülerin tamamen doğrulandığını ortaya koydu.

Rapor, dünyanın pek az yerinde demokrasi açısından ilerleme kaydedildiğini, pek çok yerde ciddi gerileme olduğunu, »demokratik durgunluk« yaşandığını haber veriyordu. 165 ülkenin sadece yüzde 19'u (dünya nüfusunun yüzde 4,5'i) tam demokrasi koşullarında yaşıyordu. Ülkelerin yaklaşık üçte birinde otoriter rejimler hüküm sürüyordu. Rapor, özellikle Asya'daki gerilemeye dikkat çekiyor, önceki yıla kadar »tam demokrasiler« arasında saydığı ABD'yi, »arızalı demokrasiler« arasına koyuyor, Türkiye'yi »dünyanın en büyük gazeteci hapishanesi« ilan ediyordu.

Gelişmiş demokrasilerde siyasal, sosyal, kültürel bölünmeler derinleşmiş, halkın seçimlere katılımı ve siyasete ilgisi azalmıştı. Kurumlara güven eriyor, geleneksel partiler çekiciliğini yitiriyor, elitlerle seçmenler arasındaki uçurum derinleşiyordu. Basın ve ifade özgürlüğü, sivil haklar, her yerde saldırı altındaydı. Hükümetler, özgürlükleri kısarken, kendi gücünü artırıyordu.

2 https://www.eiu.com/topic/democracy-index

Sonra Avrupa'nın değişik başkentlerinden benzer seçim sonuçları gelmeye başladı: Hollanda'dan, Fransa'dan, Avusturya'dan, Almanya'dan, İtalya'dan … Her yerde bıkkınlık yaratan merkez partiler eriyor, onların başarısızlığının faturası liberal demokrasiye kesiliyor, içe kapanmayı, Avrupa Birliği'nden çıkmayı, yabancı düşmanlığını savunan popülist partiler hızla büyüyordu. 70 yıl önce tabutuna lanetli çiviler çakılmış bir vampir, kitlesel bir tezahüratla diriltiliyordu.

Demokrasi, doğduğu kıtada vurulmuş, popülizm, küresel bir hastalığa dönüşmüştü.

Dünyamız nereden kaptı ki bu hastalığı?

Ne oldu da geçtiğimiz yüzyılın sonunda esen değişim rüzgârları, bize istikrar yerine kargaşa taşıdı?

Nasıl oldu da yıkılan duvarın enkazından, daha yüksek duvarlar doğdu?

Neden dünya, son 15 yılda tepetaklak oldu?

KORKU İMPARATORLUĞU

İlk bakışta hepsi aynı despotun eseriymiş gibi görünüyor: »Korku imparatoru«nun …

Aniden bastıran ve geçtiğimiz asırda tutunduğumuz doğru-yanlış ne varsa silip süpüren global değişim fırtınası, hepimizi önce büyük bir belirsizlik ortamına, sonra ciddi bir kaygı iklimine sürükledi.

Korktuk.

Bize, bildiğimiz sınırlar içinde, iyi kötü tanıdık bir yaşam vaat eden ulus devlet, ansızın çekilmeye başladı sahneden ... Silinen sınır çizgilerinden içeri, rengarenk ambalajlar içinde, süslü püslü laflar söyleyen, ulus aşırı örgütler, çok uluslu şirketler girdi. Sınır tanımayan rekabet, dilini bilmediğimiz teknoloji, kuralsız, düzensiz, arsız yeni düzenin yarattığı güvensizlik, güvencesizlik, dengemizi alt üst etti.

İşyerimizdeki sendikayla, köşedeki manavla, okuduğumuz gazeteyle, para yatırdığımız bankayla, elimizdeki telefonla, oy verdiğimiz partiyle ilişkimiz hızla değişmeye, aile bağlarımız, iş ilişkilerimiz, televizyon haberlerimiz, ev taksitlerimiz, yaşam tarzımız, alıştığımız her şey başkalaşıp dönüşmeye başladı. Sosyal bir zelzelede, kuşaklardır üzerine bastığımız zeminin sarsıldığını, ayaklarımızın altından kaydığını hissettik.

»The future«, kapıya dayanmıştı.

Korktuk.

Kimimiz kentlerimizin sokaklarını kana boyayan terörden, kimimiz sınırlarımızı zorlayan büyük göç dalgasından, kimimiz o dalgada işimizi kaybetmekten korktuk. Kimimiz »Din elden gidiyor« diye feryat etti, kimimiz »Din iktidara geliyor« diye ... Kimisi nükleer silahları olanlardan kaygılandı, kimisi nükleer silahının olmamasından ... Kimi tepetaklak olan borsadan, kimi global ısınmadan, kimi yaşlanınca sokakta kalmaktan, kimi böyle bir kaosa çocuk doğurmaktan, kimi çocuğunu öfkeli maceraperestlerin eline kaptırmaktan, kimi eşcinsellerin evlenmeye başlamasından ürktü.

Yıkılan duvarın enkazından dalga dalga çevreye dağılan korku bulutu, yerküremizin her köşesine yayıldı.

Yascha Mounk'un son kitabı »Halk Demokrasiye Karşı«da[3] verdiği rakamlar ürkütücü:

20 yıl önce İngilizlerin sadece yüzde 25'i parlamentoyu ve seçimleri takmayan güçlü bir lider fikrine sıcak bakarken bugün bu oran yüzde 50'ye çıkmış durumda. 1995'te 16 Amerikalıdan 1'i askeri yönetimin demokrasiden iyi olduğuna inanırken, bugün her 6 Amerikalıdan 1'i bu inançta ... Almanya'da popülist partinin parlamentoda ana muhalefet konumuna yerleşmesi, Avusturya'da hükümet ortağı olacak güce erişmesi, Fransa'da, İtalya'da, Yunanistan'da, Polonya'da, Macaristan'da yükselişe geçmesi veya hükümete girmesi, »hastalığın« Avrupa kıtasına da yayıldığını gösteriyor.

Cohen'in haber verdiği, yaklaşan »cinayet«i sezen örgütsüz yığınlar, ortak bir politik savunma hattında buluşup dayanışma içinde çözüm arayacaklarına, üstüste yığılan kaygılarını giderecek, sınırlarına yeni duvarlar örecek, işlerini ellerinden aldığına inandıkları yabancıları geri gönderecek, onlara yalnız olmadıklarını hissettirecek, yeniden büyük olmayı vaat edecek otoriter liderlerin koltuğu altına sığınma ihtiyacı hissediyor.

Putin, Trump, Orban, Strache, Wilders, Erdoğan, Berlusconi, dünyayı esir alan global korkunun nedenleri değil, sonuçlarıdır.

3 Yascha Mounk, *The People vs. Democracy: Why Our Freedom Is in Danger and How to Save It,* Harvard University Press, 2018.

Korkuyla kendilerine sığınan ve »Çöz de nasıl çözersen çöz« diye yalvaran kitlelerin bahşettiği güçle, sorun çözme yeteneğini kaybetmiş merkez siyasete meydan okudular; yeni bir alternatif önermek yerine, sisteme saldırdılar.

Seçim sonuçlarıyla oynamak, ayak direyen yargıçları görevden almak, eleştirel medyaya saldırmak, muhalifleri hapse atmak gibi yollarla demokrasinin yapı taşlarını birer birer söküp attılar.

Onların güçlü kişiliği, sadece özgüvensiz kitlelere değil, iştahlı uluslararası sermayeye de iyi geldi. Koalisyonlar demokrasisi, uzlaşma ararken karar almada zorlanıyordu; oysa totaliter rejimlerde »tek adam«ı ikna etmek çok daha kolaydı; hele paraya düşkünse ... Global sermaye, serbest ticaretin, yeni pazarlara ulaşmak ve mal satmak için özgür topluma ve demokrasiye ihtiyaç duyacağına dair liberal inancı yalanlayarak, demokratik kaos yerine istikrarlı despotizme yatırım yaptı.

Themis, adalet terazisini yavaşça elinden bırakırken, bütün gücü kılıcında topladı.

Bunlar sonuçlar ... Nedenler için daha derine inmek ve yerküremizi ikinci büyük savaştan bu yana görülmedik bir güven krizine ve otoriterleşme eğilimine sürükleyen kaygı ikliminin nasıl oluştuğuna biraz daha yakından bakmak gerek ...

Yaşanan süreci, kendi hayat penceremden anlatmak istiyorum. O lokal pencereden gördüğüm kısmın, global ölçekte karşımıza çıkan manzaranın parçası olduğunu, şimdi daha iyi anlayabiliyorum.

İSLAMCILARA AÇILAN KAPI

Soğuk savaş dönemi dünyasını algılamak kolaydı:

Doğu'ya ya da Batı'ya aittik. Sağcı ya da solcuyduk. İki kutuptan birinde yer almak, bize bir aidiyet duygusu, bir kimlik kartı hediye ediyordu. Şikâyetlerimiz olsa da, bize şablon fikirler sunan bir grup içinde, üzerimize giydiğimiz üniforma, yakamıza taktığımız rozetle, kendimizi güvende hissediyorduk.

Üniversitede öğrenci olduğum 1970'lerin sonlarında sağcılar ve solcular, iki karşıt kampta öldüresiye çatışıyordu. Her gün onlarca yaşıtımız can veriyordu. Dünyadaki soğuk savaşın, sıcak yansımasıydı bu ... Türkiye, Doğu ile Bati'nın buluştuğu/çatıştığı sınır çizgisindeydi. Amerika'nın uzak bir uydusu gibiydi, ancak komşusu Sovyetler'den gelen sosyalist rüzgârlara da açıktı.

Gençler arasında, milliyetçiler ile devrimciler dışında bir kesim daha vardı: İslamcılar ... Onlar, çok gerekmedikçe bu kanlı kavgaya karışmazdı. Sokaklarda akan kanı, sessizce kaldırımdan izlediler. Recep Tayyip Erdoğan, daha o yıllarda İslamcı gençlerin, sırasını bekleyen önderlerinden biriydi.

1980'e gelindiğinde Türkiye'de toplumsal muhalefet, rejimi tehdit edecek boyutta büyümüş, siyaset tıkanmış, ekonomik kriz kapıyı çalmıştı. Cumhuriyet'in kurucu ve kollayıcı gücü sayılan orduda, komünizm kaygısı doruğa çıkmıştı. Sonunda o yılın Eylül ayında Türk Silahlı Kuvvetleri, -Amerika'nın desteğiyle olduğu sonradan anlaşılacak– bir darbeyle yönetime el koydu. Askerler, çatışan milliyetçi ve devrimci gençleri hapsedip aynı hücrelerde buluşturdu. Meydan, gidişatı kenardan izleyen İslamcılara kalmıştı. Şimdi askerler, yükselen toplumsal muhalefeti ve radikalleşen sol hareketi ezmek için dinden ve dindarlardan yararlanacaktı. Cuntanın lideri Kenan Evren, meydanlara elinde Kuran'la çıktı, okullara zorunlu din dersleri kondu, imam yetiştiren okullar yaygınlaştırıldı.

Erdoğan biraz da, o askeri müdahalenin ve o müdahalede siyasal İslamcılara verilen tavizlerin acı meyvesidir.

O SIRADA DÜNYADA

O dönem yaşadıklarımızı, dünyada yaşananlarla birlikte ele alınca, çakışmalar çok net görünüyor.

Aynı yıllarda Washington'da »Yeşil Kuşak Projesi« pişiriliyordu.[4] Beyaz Saray'ın ulusal güvenlik danışmanları, komünizmin yayılışına karşı koyacak yeni bir barikat keşfetmişti: İslam …

4 »Yeşil Kuşak« hakkında daha ayrıntılı bir okuma için: Robert Dreyfuss, *Devil's Game: How the United States Helped Unleash Fundamentalist Islam,* Dell Publishing, 2006.

İslam'ın yeşili, Moskova'nın kızılının önünü kesecek, Rusları, Amerika'nın çıkar alanı olan petrol bölgelerine sokmayacaktı. CIA bu amaçla, mücahitleri himayesine aldı. Afganistan'ı işgal eden Sovyet birlikleriyle savaşması için radikal İslamcıları besledi, örgütledi, silahlandırdı. 1988'de Sovyet birlikleri Afganistan'dan çekildiğinde geride palazlanmış mücahitler bırakmıştı. Taliban'ı onlar kurdu.

El Kaide'nin doğum yeri Afganistan'dır; doğum tarihi ise Berlin duvarının yıkılmasından bir yıl önce: 1988.

Bin Ladin, Amerika'nın, komünizmle savaşsınlar diye İslamcı radikallere verdiği desteğin zehirli meyvesidir.

Ruslara karşı mücahitleri beslemek, Washington'un vahim hatasıydı. ABD, bu hatayı temizlemeye çalışırken ikinci büyük hatasını yaptı: Radikal İslamcıları, ılımlılarla durdurabileceğini sandı. »Ilımlı İslam projesi« böyle doğdu.[5]

ILIMLI ERDOĞAN?

Türkiye'de askerler, yönetimden çekilmeden eski partileri kapattı, eski siyasetçilere yasak koydu. Siyaset kurumu toptan yıpranmıştı. 90'lar boyunca, sekiz koalisyon veya azınlık hükümeti kuruldu. Doğan politik istikrarsızlık, ekonomiyi de krize soktu. Sol siyasetin ezildiği ortamda merkezin çöküşü, siyasi İslam'ın önünü açtı, alternatif olarak görül-

5 »Ilımlı İslam« hakkında daha ayrıntılı bir okuma için: https://icct.nl/wp-content/uploads/2017/08/ICCT-Schmid-Moderate-Muslims-and-Islamist-Terrorism-Aug-2017-1.pdf

mesini sağladı. Hiç denenmemiş olan İslamcıların, »hiç olmazsa yolsuzluk yapmayacakları« düşünülüyordu. Askeri darbe döneminde semiren dindar kuşak, iktidarı devralmaya hazırdı. Üstelik Recep Tayyip Erdoğan, Washington açısından uyumlu çalışılabilecek, »ılımlı« bir lider izlenimi veriyordu.

Gerçekten ılımlı mıydı peki?

Değildi.

Daha 1996'da İstanbul Belediye Başkanı iken verdiği demeçte, »Demokrasi, bizim için amaç değil, araçtır« demişti.[6] Siyasi tırmanışının ilk basamaklarındaki bu demokrasi karşıtı, radikal söylemini, iktidara yaklaştıkça, gizlemeye gayret etti. Stratejisi gereği, topyekün iktidarı alana kadar, kendisinden beklenen »ılımlı« rolünü oynayacak, Batı'nın hoşuna gidecek anti-militarist mesajlar verecek, Türkiye'nin Avrupa'ya entegrasyonundan yana görünecek, liberal ekonomiden, serbest piyasadan, insan haklarından bahsedecek, önünde en büyük engel olarak gördüğü orduyu tamamen bertaraf edene kadar nihai amacını gizleyecekti.

BİR FRANKENSTEİN HİKÂYESİ: 11 EYLÜL

11 Eylül saldırısı, ABD açısından bir »Frankenstein faciası«ydı:

6 Nilgün Cerrahoğlu ile söyleşi / 14 Temmuz 1996 tarihli Milliyet gazetesi

Yaratık, kendisini yaratana saldırmış ve Ortadoğu'ya müdahale için Washington'a makul bir gerekçe sunmuştu. ABD açısından, »Ya bizden yanasın ya düşmandan« çağı başlıyordu.

George W. Bush, tıpkı yarattığı iblisin peşine düşen Victor Frankenstein gibi, kendi var ettiği mücahitleri yok etmek için Irak'ı işgal kararı aldığında, sosyal demokrat Türk Başbakanı Bülent Ecevit buna karşı çıktı; Washington'a Türkiye'deki Amerikan üslerini kullanma izni vermedi. İnatçı Başbakan'ın tasfiye vakti gelmişti. Ecevit, kendisine karşı bir Amerikan komplosu yapıldığını söyleye söyleye devrildi. Şimdi ABD için, bir Müslüman ülkenin işgaline onay verecek, Ortadoğu'da birlikte çalışacağı bir Müslüman müttefik, çok kıymetliydi.

11 Eylül saldırısı ile AKP'nin kuruluşu aynı yıldır: 2001 ...

Guantanamo esir kampının açılışı ile AKP'nin iktidara gelişi aynı yıldır: 2002 ...

Irak'ın işgali ile Erdoğan'ın Başbakan oluşu aynı yıldır: 2003 ...

Türkiye'de iktidara gelen İslamcılar, zor bir seçimle karşı karşıyaydı:

İşgal edilecek Müslüman komşularına karşı, işgale gelen uzak Hristiyan müttefikleri ...

Erdoğan hiç tereddütsüz, Irak'a karşı, desteğine muhtaç olduğu ABD'nin yanında yer aldı. Ama liderliğine oynayacağı İslam dünyası, onun kadar kıvrak ve pragmatik değildi.

O KADIN NİYE SEVİNDİ?

11 Eylül saldırısından iki gün sonra »O kadın neden sevindi« başlıklı bir yazı yazmıştım.[7] Yazıda sözünü ettiğim kadın, 11 Eylül günü ikiz kulelerde yaşanan kıyametin ardından, Lübnan'daki Şatila kampında zılgıtlarla kutlama yaparken dünya televizyonlarına yansıyan bir Filistinliydi. Aynı dakikalarda New York'taki bir barda televizyon haberleri izleyen bir Amerikalı kadın, »Tanrım, bunun benim şehrim olduğuna inanamıyorum. Beyrut gibi« diye ağlıyordu.

Biri, sadece kendi başına gelir sandığı felaketin, başına gelenlerin sorumlusu olarak gördüğü ülkenin başına gelmesinden mutluydu.

Öbürü, sadece uzak kentlerde, tanımadığı insanların yaşamasına alıştığı trajediye kendi evinde tanık olmanın dehşeti içindeydi.

Dünyayı ikiye yaran derin ayrışmanın kökeninde, belki de bu iki kadın arasındaki kapanmaz mesafe yatıyordu:

Bir yanda dışlanmışlığın yarattığı öfke, öte yanda, »Böyle şeyler ancak Kudüs'te, Beyrut'ta olur. Bana dokunmaz« sanan kibir …

O yazıda, »Tehdit, komünizm değil artık; tek başına terörizm de değil« diye yazmıştım:

»Yeni tehdit, globalizm sonrası dünyanın arka bahçesinde

7 13 Eylül 2001 Milliyet Gazetesi http://www.milliyet.com.tr/2001/09/13/yazar/dundar.html

birilerinin, çağımızın en vahşi saldırısına alkış tutmasına yol açan derin dışlanmışlık duygusu, eşitsizlik kaygısı ve buradan doğacak kanlı isyan dalgasıdır. Kendini masum sivillerle birlikte yok etmeye kararlı canlı bombalara karşı düzenli orduların, istihbarat örgütlerinin yapabileceği bir şey yok. Saldırıları nefretle kınamamız da yetmiyor. Dünyayı ›uygarlar‹/›uygar olmayanlar‹ diye sınıflandırmaksa ancak uçurumu derinleştirmeye yarıyor. İnsanlığın önünü açacak başarı, globalleşen dünyada o iki kadının, kendilerini, aynı yerkürenin benzer olanaklarını paylaşan, iki eşit yurttaşı olarak hissetmesinde ve refahtan hakça pay almasındadır.«

KRAMP VE TRUMP

Bugün dünyayı saran korku dalgasından ve kaygı yüklü kitlelerin, kendilerini kurtaracak, demir yumruklu liderler aramasından söz ediyoruz ya; bu noktada, o korkunun nasıl yaratıldığına da değinmek lazım.

2002'de Amerikan ve İngiliz yönetimleri, Saddam Hüseyin'in elinde kitle imha silahları olduğunu söyleyerek dünyayı alarma geçirdi. Yalandı bu ... İki ülkenin istihbarat teşkilatlarının da bu konuda kuşkuları olduğu, bunu yönetime ilettikleri sonradan ortaya çıktı.[8] »Suriye yönetimi

8 https://www.independent.co.uk/news/uk/politics/chilcot-report-inquiry-tony-blair-iraq-war-weapons-of-mass-destruction-evidence-verdict-a7122361.html

Doğu Guta'da kimyasal silah kullandı« iddiasını çağrıştıran bu kuyruklu yalan, Batı kamuoyunu korkutmaya yetti.

Bush ve Blair, paniği kendileri yaratmış, sonra da kollarını açıp »Korkularınızı dindirecek çare biziz« demişlerdi. Kitlelerin asıl korkması gereken, korkuyla altına sığındıkları kanatların sahipleriydi.

Ama o panik içinde, kimse bunu görecek halde değildi. Dünya, »Stockholm Sendromu« diye adlandırılan bir illete yakalanmıştı.

İşgal planı kusursuz işledi. Batı, »demokratik olmayan bir ülkeye demokrasi götürecek«ti. Saddam heykelleri canlı yayında Amerikan halatlarıyla devrildi. Irak lideri, idam edildi.

Doğuyu, onun mazisini, dinler haritasını, sosyokültürel yapısını, tarih algısını hiç bilmeyen »Batılı kurtarıcılar«, »Tiran gidince ülkesine demokrasi gelir« sanıyordu. İşgallerden sonra bu ülkelere demokrasi gelmediği gibi, çoğunda süngüyle sağlanan sükûnet ve bir kısmında zar zor ayakta tutulan laik sistem de bozuldu. »Demokrasi götürülen« ülkelerde başlayan kaosta, etnik ve mezhepsel çatışmalar sonucu yüzbinlerce insan hayatını kaybetti, milyonlarca insan göçmek zorunda kaldı. Yeni göç dalgası, yeni korkuları, yeni korkular, daha sıkı güvenlik önlemlerini davet etti. Sakin kentlerinin meydanlarında patlayan bombaların paniği içinde, »Demokrasi mi, güvenlik mi« sorusuyla karşı karşıya bırakılan kitleler, can korkusuyla »güvenlik« diye haykırdı. Demokrasinin krampı böyle başladı.

Trump'ı iktidara taşıyan, biraz da bu kramptır.

»ÖZGÜRLÜĞÜN« FOTOĞRAFLARI

2003'ten itibaren Irak'tan gelmeye başlayan fotoğrafları hatırlayın:

Başına kara plastik bir poşet geçirilmiş halde kucağına aldığı 4 yaşındaki oğlunu teselli etmeye çalışan Necefli esiri,

Ebu Garib cezaevinde, çırılçıplak halde üstüste yığdığı Iraklı erkeklerin başında zafer işareti yapan Amerikalı kadın askeri,

bir sandığın üstünde, vücuduna elektrik yüklü kablolar bağlanmış şekilde dikilmeye zorlanan Iraklı tutukluyu,

üzerlerine köpek salınarak birbiriyle ilişkiye zorlanan esirleri,

sopayla tecavüze uğrayan askerleri,

Müslüman tutsakların gözü önünde yırtılıp tuvalete atılan Kur'an-ı Kerim'leri ...

»Irak'ı özgürleştirme«ye gelen Amerikalılardan sızan bu fotoğraflar, İslam coğrafyasının hafızasında, kuşaklarca silinmeyecek bir iz ve hınç tortusu bıraktı. Onyıllarca meyve verecek nefret ağacının tohumlarını attı. O görüntüleri hatırlamadan, bugün İslam dünyasında kök salan Batı düşmanlığını anlamlandırmak ve çözüm bulmak mümkün değildir.

Müslüman sözlüğünde »Batı« sözcüğünün karşılığı »demokrasi« değil, »işgal«di. »Özgürlük«ün anlamı ise »işkence« ...

Batı'nın, hiç tanımadığı toplumları askeri müdahale ile dönüştürme ihtirası, o toplumları Batı karşısında daha da radikalleştirmeye ve radikal İslamcıları, anti-emperyalist solcular arasında bile popüler hale getirmeye hizmet etti. İslam dünyasında ABD'nin devirdiği her diktatörlüğün enkazından siyasal İslam çıktı.

Sosyalist blokun çöktüğü, Batı blokunun ideolojilerini gömdüğü, eşitsizliğin, kuralsızlığın, haydutluğun hüküm sürdüğü yenidünyada İslam, isyanın yegâne sesi haline geliyordu.

Farklı ülkelerden, bambaşka sosyal katmanlardan IŞİD'e katılan ve korkunç katliamlarla Avrupa başkentlerini kana bulayan gençlere akıl erdiremeyenlerin, bu sese kulak kabartmasında yarar var.

İÇ KANAMA

Demem o ki, bir gün, dünyanın bir köşesinde, birilerine yapılan haksızlık, bir süre sonra gelip bir başka köşede, bambaşka insanlardan alıyor öcünü ...

Guantanamo'da bir işkence seansı, Berlin'deki bir Noel pazarını vuruyor.

Ebu Garib'de köpeklere parçalatılan bir beden, Paris'teki bir karikatür dergisinde bambaşka bedenleri parçalıyor.

Felluce'de babası kurşunlanan çocuk, İstanbul'da yılbaşı gecesi taranan bir eğlence merkezinde arıyor failini ...

Halep'in intikamı, Londra'da alınıyor.

Televizyon haberlerinde kısa filmler halinde izlediğiniz ve »Bize bulaşmaz« sandığınız zulümler, işkenceler, işgaller, içten içe kanıyor ve kine dönüşüp kanadığı yerin bir hayli uzağındaki şehirlerde en masumları vuruyor. Olağanüstü hal rejimlerini beraberinde getiriyor.

»Daha çok askeri önlem alırsak, yarayı sımsıkı sararsak kanı durdurabiliriz« sanıyorsunuz; yanılıyorsunuz. Çünkü sorun, sıkı güvenlik önlemleriyle, istihbarat işbirliğiyle, daha fazla silahlanmayla çözülemeyecek kadar karmaşık ... Yaraya uygulanan basınç, kanamayı durdurmuyor, sadece kangren hale getiriyor; iç kanama, bünyeyi sarsmaya devam ediyor. Doğuda yaşananların sorumlusu olarak Batılıları, Batılılaşmayı, Hristiyanlığı, hatta çağdaş uygarlığı gören, irrasyonel bir fanatizme dönüşüyor; içe kapanmaya, Batı karşıtlığına, nefret söylemine yol açıyor.

Batı'da ise hastalık, İslamofobia'dan başlayıp mülteci nefretine uzanan bir yabancı düşmanlığı postuna bürünüyor.

Bir dönemin ideolojik Doğu-Batı ayrımı bu kez, din, hatta ırk kostümleriyle çıkıyor karşımıza ...

İki karşıt kutup elele, dünyayı felakete sürüklüyor.

Ama yeni kutuplaşmanın eskisinden bir farkı var:

Kutupların sınır çizgileri alıştığımız netlikte değil.

Önümüzdeki seçenekler, »örnek demokrasiler« ile »kanlı diktatörlükler« olsa işimiz kolaydı. Safımızı belirler, o cephenin güvenli limanlarına sığınırdık. Oysa karşımızda çok daha karmaşık bir manzara var:

Demokratik hükümetlerin başka kıtalarda beslediği totaliter rejimler, o rejimler içinde demokrasi mücadelesi veren kitleler, Avrupa kıtasında ortaya çıkan despotlar, despotik rejimlerin diktatörlerine meydan okuyan özgürlük savaşçıları, »demokrasinin beşiği« sayılan ülkelerde yeşerip büyüyen ırkçı hareketler, Batı'da yetişip Ortadoğu'ya cihada giden gençler, Avrupa başkentlerinde askeri düzeni demokrasiye tercih eden seçmenler var.

Sınıfların, ideolojilerin, kimliklerin sınırlarının iç içe geçtiği bu yeni asimetrik savaşta işimiz, eskisine göre çok daha zor.

»DEMOKRASİNİN BEŞİĞİ?«

Yeri gelmişken, şu »demokrasinin beşiği« sıfatını da sorgulamak istiyorum.

Acaba Batı dünyası bu ünvanı hak ediyor mu?

Evet, Batı'da eşitlikçi demokrasi, güçler ayrımı, bağımsız yargı, özgür basın, laik anlayış, sivil toplum var. Batılı ülkelerin kişi başına düşen milli geliri, yaşam kalitesi, eğitim düzeyi, insan hakları sicili parlak ... Ama ya başka ülkelerde yaptıkları?

Bir zamanlar, işkencecilikten hapse mahkûm edilen bir komiserin çocuğu ile röportaj yapmıştım.

Hayretler içinde, »Babamın bu zulmü yaptığına inanamıyorum« diyor, evde kendilerine karşı ne kadar müşfik bir insan olduğunu anlatıyordu.

Acaba kendi çocuklarını sevgiyle kucaklarken, Guantanamo'da tutsakları gırtlaklarına su boca ederek sorgulayan

ABD'ye, gönül rahatlığıyla »dünyanın en gelişkin demokrasisi« sıfatını verebilir miyiz?

Srebrenitsa'da, kendisine sığınan onbinlerce Bosnalıyı BM bölgesinde kaderine terk edip 350 Bosnalıyı Sırplara vererek katliamın ortağı haline gelen Hollanda'ya »ideal demokrasi« madalyası takabilir miyiz?

Suriye'de hem Kürtlere hem Kürtlerle savaşan Türk Silahlı Kuvvetleri'ne silah satan Alman silah sanayiine göz yumulurken, Alman demokrasinin barışın hizmetinde olduğunu söyleyebilir miyiz?

Türkiye tarihinin en önemli seçiminden hemen önce Türkiye'yi ziyaret ederek Türk Cumhurbaşkanı Erdoğan'ın yerle bir ettiği hukuk sistemini öven ve 100 milyon poundluk iki savaş uçağı satıp giden İngiliz Başbakanı, efsanevi İngiliz demokrasisini temsil ediyor mu?

Türkiye'de demokrasi mücadelesi verenler, gündelik çıkarları söz konusu olduğunda Avrupa'nın ilkelerini nasıl kolayca gözden çıkarabildiğini gördüğünde büyük hayal kırıklığı yaşadı. Mülteciler Batı'ya göçmesin diye Erdoğan'ın baskı rejimine onay verilmesini, ticaret zarar görmesin diye Ankara'ya yapılan ziyaretlerde insan hakları uyarısından çok, silah pazarlığı yapılmasını, kârlı bir pazarı kaybetmemek için dünyanın en büyük gazeteci hapishanesine sessiz kalınmasını, hafızalarına nakşettiler.

Uygarlığın, »Batı« ile »Doğu« diye ayrılmadığını daha da iyi biliyoruz artık ...

Tıpkı, kendi evladına müşfik, diğerlerininkine zalim babaların şefkatini sorguladığımız gibi, kendisi bir kurallar rejiminin konforundayken, sınır ötesine faşizm ihraç eden ülkelerin demokrasisini de sorguluyoruz.

Ülkelere demokrasi karnesi verirken, sadece nasıl yönetildiklerine değil, kimleri nasıl yönettiklerine ya da nerede, ne tür yönetimleri desteklediklerine de bakıyoruz.

TABUTTAKİ ÇİVİLER

Demokrasi bahsinde sormamız gereken başka zorlu sorular da var. Biri de şu:

Demokratik yollardan iktidara gelmek, bir iktidara demokrasiyi tahrip, hatta imha hakkı verir mi?

Demokratik dediğimiz ülkenin lideri, demokrasinin sunduğu imkânları kullanıp demokratik seçimlerle iktidara geldikten sonra ülkesinin toplumsal sözleşmesinin yapı taşlarını birer birer ve göz göre göre söküyor, yargı kararlarını tanımıyor, basın özgürlüğüne saldırıyor, gazetecileri sahtekârlıkla suçluyorsa? ... Irkçılığı protesto edenlere küfrediyor, göçmenlere hakaret ediyor, kadınlara sarkıntılık ediyorsa?

Kandırdığı kitlelerin desteğini arkasına alıp kuvvetler ayrımına son veriyor, bütün gücü elinde topluyor, sonra da bu gücü, varlığını borçlu olduğu demokrasiyi yok etmek için kullanıyorsa?

Hesap sorulduğunda da »Ben halkın iradesiyle seçildim. Onun üstünde bir güç yoktur« bahanesine sığınıyorsa?

Seçimle geldi diye, oyların yarısını aldı diye, halkın çoğunu kandırdı diye, böyle bir totaliterliği »meşru« kabul edecek miyiz?

Demokrasi dininin yegâne kabesi sandık mıdır?

Peki ya demokrasiyi hiçe sayan liderlere oy verenler, ya bir çaresizliğin, ya bir korkunun veya zehirli bir propaganda salınımının etkisinde, belki de kendilerine bir daha oy verme fırsatı bırakmayacak bir potansiyel diktatörlüğün gönüllü destekçileri olarak, kürk mağazasına alışverişe giden tilkiler gibi oy sandıklarına gidip demokrasinin tabutunu çiviliyorsa?

Demokrasinin kendini savunma hakkı yok mudur?

Çoğunluk, gerçekten artık demokrasiyi umursamıyorsa, sandığa gitmiyorsa, hatta güvenliği için demokrasiden vazgeçmeye, özgürlüklerinden fedakârlık etmeye hazır olduğunu söylüyorsa, azınlıkta kalanlar olarak diğerlerinin despotik iradesine sessizce boyun mu eğeceğiz?

Seçme hakkının kutsallığı ve seçilenin dokunulmazlığı gereği, antidemokratik bir hareketin, demokratik kanalları kötüye kullanmasına, demokrasiden caymış kitlelerin, demokrasiyi gömmesine göz mü yumacağız?

Demokrasinin kötüye kullanılması, popülizmin sandıkça çoğalması, çoğulcu demokrasiye inanmış kitleleri de karamsarlığa sürüklüyor, eşit oy hakkına karşı çıkmalarına, antidemokratik çözüm arayışlarına yönelmelerine yol açıyor.

Giderek gözden düşüyor diye, bütün defolarına rağmen elimizdeki en iyi model olan demokrasiyi tamamen korunaksız mı bırakacağız?

Benim cevabım:

Hayır!

Demokrasi, kendini savunmalıdır. Bunun için demokratik güçlerin yenilenmesine, güçlenmesine, yeni yaklaşımlar ve çağdaş imkânlarla teçhiz edilmesine ihtiyaç var.

AKTİF DEMOKRASİ

Savaş sonrası dünyasında demokrasi demek, serbest seçim, seçmen inisiyatifi, çoğunluk iradesi demekti. Seçmenden beklenen de 4–5 yılda bir sandığa gidip oy vermesiydi. Seçmen bir pazar günü, kendisine bahşedilen bu imkânı kullanmak üzere seçim merkezine gider, küçük bölmenin perdesini aralar, masanın üzerindeki pusuladan »Beni seç« diye göz kırpan amblemlere bakar, birine damgayı basar, sonunda kazanır ya da kaybederdi. Sonra da 4–5 yıl boyunca, verdiği kararın yol açtığı sonuçları izlerdi. Ta ki yeni bir seçim için oy sandığına davet edilene kadar …

Bu anlayış çöktü.

Kiliseye duyulan güven azaldıkça nasıl kiliseye gidenler azaldıysa, siyasete güvenin erozyona uğramasından sonra da demokrasinin tapınağı seçim merkezlerine gidenler azaldı. Katılım oranları düştü. »Çoğunluk«, azınlıkta kaldı.

Üstelik 21. yüzyılla gelişen manipülasyon becerisinin, oy hırsızlığının, dijital sahtekarlığın, data ticaretinin, seçmen iradesini eritmesiyle sandıklar, güvenilir olmaktan çıktı. Tüketici eğilimlerini en çok para veren partilere pazarlayan ve beş kıtada seçmen ticareti yapan dev şirketler, oy sandıklarını, demokrasinin tabutuna dönüştürüp gömdü.

Günümüz demokrasisi, »çoğunluk iradesi« ile açıklanamayacak kadar karmaşık artık ... Bu karmaşada seçmen, bir virtüözün gözünün içine bakan, pasif bir dinleyici olarak kalamaz, kalmamalıdır. Çağdaş demokrasi, hep birlikte ses verebilen, uyumlu bir orkestra yaratma idealinin adıdır.

Artık »demokrasi güçleri« deyince, arada bir sandığa giden pasif seçmenleri değil, her an, her zeminde, her düzeyde yönetime katılma iradesi gösteren aktif bireyleri anlıyoruz. Merkezi iktidarın ya da global tekellerin gün be gün artan gücüne meydan okuyacak örgütlü toplumu ... Haklarına sahip çıkacak ve en küçük müdahalede ayağa kalkacak yurttaş inisiyatifini ... Şeffaf bir yönetim için seferber olan, kendisine ait dataların siyasal amaçla pazarlanmasına karşı koyan kamu denetimini ... Yerel yönetimlerin, sivil toplum kuruluşlarının, küçük ve orta ölçekli işletmelerin, hak savunucularının, azınlık derneklerinin örgütlenip karar mekanizmalarına katılmasını ... Demokrasinin, gündelik hayata zerk edilmesini ... Temel hakları güvence altına alan, ulus aşırı, küresel örgütlenmelerin, uluslararası dayanışma ağlarının dayanışmasını ... Halkın, kendi kollarına bağlanan ipleri eline almasını ...

Demokrasinin çocukluk çağına özgü »çoğunluğun hükmetme hakkı«nın yerini günümüzde azınlığın, çoğunluk iradesine uymama, farklı olma, alternatif bir yaşam kurma mücadelesi aldı. Yüzde 99'a karşı yüzde 1'in varolma hakkının korunması, »demokrasi«nin olmazsa olmazı artık ...

Dört yılda bir oy veren bir seçmen olmayı değil, kendi geleceğine dair politikaların oluşumuna katılan bir yurttaş olmayı, karar mekanizmalarında iradesini ortaya koyan bir insan olmayı önemsiyoruz.

Ben buna »aktif demokrasi« diyorum.

4–5 yılda bir sandığa gidip oy verip sonra »güç oyunu«-nun seyirci koltuğunda oturmaktan bünyesi hantallaşmış kraliçemizin kan deveranını artıran, onu gençleştiren bir dinamizm ... Bizi, seyircisi olageldiğimiz bu oyunun başrolüne çıkaran yeni bir yurttaşlık anlayışı ...

SİMURG

Tıpkı Farsların Simurg efsanesindeki gibi ...

Bilirsiniz, o efsanede kuşlar, yolunda gitmeyen işlerini çözmesi için kurtarıcı Simurg'un peşine düşer. Hep birlikte göç yoluna çıkar, dipsiz yedi vadiyi aşarlar. Yolda yorulup göçü bırakanlar olur. Yolculuk sona erdiğinde grupta sadece otuz kuş kalmıştır. Nihayet Kaf Dağı'na ulaştıklarında »Simurg«un »Otuz Kuş« anlamına geldiğini öğrenirler. O uzun ve ölümcül yolculuk boyunca aradıkları kurtarıcı, birlikte oluşturdukları ortak iradeleridir.

Kahramanlar çağının sonuna geldik.

20. yüzyıl boyunca kitleleri zafere ya da felakete sürükleyen karizmatik liderlerin devri kapandı. 2010'larda filizlenen Arap Baharı'nın, Wall Street işgalinin (»Occupy Wall Street«), Gezi Parkı direnişinin bir lideri ya da liderlik

arayışı yoktu. Kitleler, dayanışmanın ortak dilini konuşuyor, birlikte bir »Simurg« oluşturuyordu. (Leonard Cohen, 1980'lerin ortasında, »Önce Manhattan'ı alırız, sonra Berlin'i« diye yazmamış mıydı?)

Artık sorunlarımızı çözmesi için ardına düşeceğimiz, dualar edeceğimiz, pencerede bekleyeceğimiz bir »Simurg«umuz yok. Sahte peygamberler peşinde epey uzun ve yorucu yollar katettikten ve çoğu kez hayal kırıklığına uğradıktan sonra, aradığımız kurtarıcının, yanyana durunca ortaya çıkardığımız iradeden doğduğunu öğrendik.

Şimdi bu »30 kuş«, birlikte ne yapabiliriz, karşımızdaki dağı aşıp biriken sorunları nasıl altedebiliriz, demokrasinin önüne dikilen ideolojik kuşatmayı nasıl yarabiliriz'i düşünmenin zamanıdır.

SIRTTAKİ CANAVAR

Çözümü tartışmadan önce, Baudelaire'i anımsayalım:

»Gri göğün altında, tozla kaplı geniş bir ovadayım. Ne bir yol, ne bir çimen, ne bir diken, ne bir ısırgan otu ... Kamburları çıkmış vaziyette yürüyen bir grup insana rastladım. Sırtlarında bir un çuvalı ya da kömür torbası ağırlığında birer canavar taşıyorlardı. Ama bu canavarlar öylesine bir yük değillerdi. Tersine hamallarını sarıp sarmalayan güçlü kaslarıyla korkunç pençelerini insanların göğüslerine saplamışlardı. Ürküten başları, antik çağ savaşçılarının düşmanı korkutmak

için giydikleri miğferler gibi insanların başının üzerinden aşıyordu.

İnsanlardan birine sordum, nereye gittiklerini öğrenmek istedim. Bir şey bilmiyordu. Ne o, ne de ötekiler … Ama muhakkak ki bir yere gidiyorlardı. Çünkü karşı konulmaz bir yürüme ihtiyacı içindeydiler. Şaşırtıcı bir şey: Bu yolcuların hiç biri hallerinden şikâyetçi görünmüyordu. Boyunlarına asılan, sırtlarına yapışan bu canavarı bedenlerinin bir parçası gibi kabullenmişlerdi. Yorgun ve ciddi yüzlerde bir umutsuzluk yoktu. Sürekli umut etmeye mahkûm insanların teslim olmuş edasıyla melankolik bir göğün altında, en az o gökyüzü kadar kederli bir arazide ayakları toza batmış olarak ilerliyorlardı.

Grup yanımdan geçip gitti ve ufukta yuvarlaklaşan yeryüzünün insan merakından saklandığı yere doğru uzaklaştı. Bu sırrı anlamak için bir süre inat ettim ama karşı konulmaz bir kayıtsızlık üzerime çöktü, sırtlarındaki canavarın onlara verdiği ağırlığın daha da fazlasıyla ezildim.«[9]

Baudelaire'in 150 yıl önce, geniş bir ovada, yoksulların sırtında keyifle taşınırken gördüğü inanç, bugün eskisinden de ağır, eskisinden de baskın …

Karl Marx'ın »Mutsuzluklar altında ezilenlerin son nefesi, kalpsiz bir dünyanın şefkati, ruhsuz bir çağın ruhu« diye tanımladığı din, özellikle gelişme çağındaki toplumları afyon-

9 https://alisaunderground.wordpress.com/2013/04/26/chacun-sa-chimere-to-every-man-his-chimera-charles-baudelaire-translation-prevod/

lamayı sürdürüyor.[10] Hem sıkıntılara teselli, hem baskılara meşruiyet sağlıyor.

Türkiye'de son 10 yılda yoğunlaşan dindarlığı, artan din siyaseti/ticareti kadar, »*kederli bir arazide, ayakları toza batmış halde yürüyenler*«in artan kaygılarıyla da izah mümkün ... Haklarını savunan örgütlerini, liderlerini, sendikalarını, partilerini, piyasanın obur saldırısında yitirmiş kitlelerin, ellerinde kalan son umuda doğru umutsuz yürüyüşü bu ...

O halde ilk hedefimiz, hem korunma ihtiyacını doğuran, hem o ihtiyacı karşılama iddiasındakilerin zulmünü meşrulaştıran korkuyu yatıştırmak olmalı ... Kitlelere, tapınakların ve sarayların sunduğu güvenlik duygusunu sağlamadan, onları kazanmamız zor.

Bir korku filmini evde yalnız başına izleyen biriyle, topluca izleyenlerin farkı gibi ... Karanlık bir sokaktan geçerken elele tutuşanların tavrı gibi ... Bir arada olduğumuzda, korkularımızın üstesinden gelmemiz, birbirimizden cesaret devşirmemiz daha kolay ... O yüzden büyük tufanda, birbirimize güvenli limanlar yaratmamız şart ...

10 https://www.marxists.org/archive/marx/works/1843/critique-hpr/intro.htm

AYAĞA KALK!

Özgürlüklerimize karşı, global bir saldırıyla karşı karşıyayız. Buna karşı yerel ölçekte, tek tek direnme kudretimiz zayıf... Global taarruzu, ancak global bir direnişle püskürtebiliriz. Böylece globalizmin açtığı zehirli yaraları, yine globalizmin sunduğu şifalı ilaçlarla sarabiliriz. Globalizm, düşmanımız değil, istifade edebileceğimiz bir rüzgârın adı ... Dünyanın tüm barınaklarını yerle bir eden o tufan, doğru kullanılırsa adalet, eşitlik, özgürlük çabamızın değirmenini döndürebilir. Gezegenimizin bambaşka köşelerinde özgürlük mücadelesi verenleri buluşturup haksızlığa, ırkçılığa, popülizme karşı birlikte direnmenin yollarını öğretebilir. İzole edilen, tek başına kaldığı duygusuna itilen insanlara, »Yalnız değilsin, biz varız« deme fırsatı yaratabilir.

İnsanlara yaşam güvencesi, yarın umudu, güvenlik duygusu verebilirsek, Meksika sınırına duvar ören Trump'ın da, Suriye sınırına tampon bölge kuran Erdoğan'ın da kazanma şansı azalır.

İnsan odaklı, emekten yana mali politikalarla, yatırımı, büyümeyi, hakça paylaşımı önceleyen, işsizliğin acısını dindirecek yeni iş alanları açan kalkınmacı bir ekonomi tercihi, »Mülteciler işimi elimden alacak« paniğini yatıştırır.

Evrensel barış politikaları, iktidarda kalmak için korku salanları silahsızlandırır.

Köşeye sıkışan insanlığa, dayanışmanın müşfik elini hissettirmenin zamanıdır. Bunun için topyekün bir seferberlik, küresel bir dayanışma ağı gerekiyor.

İnsanlar işsiz kalmaktan mı korkuyor; sendikaları yeniden yapılandırmalıyız.

Nükleer savaştan mı ürküyorlar, nükleer karşıtı kampanyaya asılmalıyız.

Mülteci akınından mı endişeliler; sorunu kaynağında çözmenin, Ortadoğu'da barış için çabalayıp göçmenlerin evlerine dönmelerinin yolunu açmalıyız.

Yayılan şiddet, gündelik hayatta dehşet havası mı yaratıyor; işe çocukların video oyunlarından başlamalı, bireysel silahlanmaya karşı çıkmalı, başta ABD olmak üzere her coğrafyada iktidarlara diz çöktüren silah lobisinin etkisini kırmanın yollarını bulmalıyız.

Gay evlilikleri, farklı cinsel tercihler, merkezden uçlara savrulan fikirler bilinçsiz kitlelerde kaygıya, itiraza, öfkeye mi yol açıyor; ders kitaplarına, popüler kültüre, televizyon dizilerine el atmalıyız. Her alanda empatiyi besleyerek, hoşgörüsüzlüğü zihinlerden silerek, nefret söylemini bertaraf ederek, farklılıklarımızla bir arada yaşayabileceğimiz bir yarına yatırım yapmalıyız.

Alternatif yayınevleri, ırkçılık nedeniyle saldırıya uğrayanların, horlanan mültecilerin, dışlanan göçmenlerin, asimile edilen azınlıkların kitaplarını basmalı ...

Resim galerilerinde, tiyatro sahnelerinde, konser salonlarında, ana akımda kendine yer bulamayanların eserleri sergilenmeli ...

Farklı kültürlerden müzisyenler, birlikte çalıp unutulmaya yüz tutmuş, yasaklanmış, ihmal edilmiş kültürel mirasa sahip çıkmalı …

Nasıl silah lobisi, kurşunların havada uçuştuğu filmlere yatırım yapıyorsa, barışın ortak gücü de silahsızlanmanın filmlerini finanse edebilmeli, barışın dilini dünya perdelerine, ekranlarına, sahnelerine yansıtabilmeli.

Gazeteler, farklı görüşlere sütunlarını açmalı; radyolar, sesi kısılmışları istihdam etmeli …

Barolar, sâri bir hastalık gibi gün be gün, o ülkeden bu ülkeye yayılan hukuksuzluğa karşı birlikte mücadele vermenin mekanizmalarını yaratmalı …

Üniversiteler, kürsülerinden, ülkelerinden kovulmuş akademisyenlere kapılarını açmalı; dünyanın çatışmalı bölgelerini daha iyi anlayabilmek, karmaşıklaşmış sorunlara birlikte çözümler üretebilmek için yeni kürsüler kurmalı … Öğrenci değişim programlarına daha çok bütçe ayırarak, toplumların kaynaşmasının temellerini atmalı …

Spor kulüpleri, ulaştıkları gücü, ırkçılıkla, nefret söylemiyle, şiddetle mücadele için harcamaya ikna edilmeli; olimpiyatlar, turnuvalar, yarışlar, maçlar, kıyasıya çatışmanın değil, dostça yarışmanın örnekleri haline dönüştürülmeli …

#MeToo seferberliğiyle kadına yönelik tacize, şiddete, aşağılamaya verilen tepkinin aynısı, cinsel ayrımcılıktan arındırılmış özgün bir dil, ayrımcılık gütmeyen politikalar, eşitlikçi bir dünya yaratma mücadelesini küreselleştirmek için verilmeli …

»Yerli ve milli« olmaya zorlanan partiler, sendikalar, gençlik teşkilatları, sivil toplum kuruluşları, global çapta birlikte çalışmaları için cesaretlendirilmeli, desteklenmeli. Türkiye'de ikinci ana muhalefet partisinin eşbaşkanları ve on milletvekili hapisteyse, ilk duruşmada dünya demokrasi ailesinin, mahkeme salonunu dolduracağından, hapishane kapısında olacağından emin olunmalı …

Çevre mücadelesinin artık yeryüzünün hayatta kalma mücadelesi olduğu anlaşıldığına göre, global zehirlenmeye karşı sınırlar ötesi bir seferberlik ve mücadele ruhu yeşertilmeli …

Laikliğin yeniden inşası ve yobazlığın püskürtülmesi için aydın din âlimlerinin, barışın dilini yerleştirmek için savaşa karşı öğretmenlerin, yerel yönetimleri güçlendirebilmek için çalışkan belediye başkanlarının, şehirlerin yağmalanmasına karşı bilinçli plancıların, sağlık hizmetlerini küresel bazda eşitleyebilmek için fedakâr doktorların işbirliğine ihtiyacımız var.

Dünyanın en zengin yüzde 1'inin serveti, yüzde 99'un toplamına eşitlendi.[11] Bu, bize dünyamızın nasıl günden güne artan bir adaletsizliğin pençesinde dönüp durduğunu gösteriyor. »Panama Papers«, sözünü ettiğim türden bir global işbirliği sayesinde, sözkonusu yüzde 1'in nerelerde, nasıl gizlendiğini açığa serdi. Şimdi, bu gelir eşitsizliğini giderebilmek için sosyal adalete inanan ekonomistlere, kalıcı kamu politikaları geliştirebilecek sosyal politika uzmanlarına iş düşüyor.

11 https://www.oxfam.de/blog/oxfams-zahlen-sozialer-ungleichheit-so-haben-gerechnet?page=1

Nasıl popülizmin teknesi, kendi yelkenini korku rüzgârlarıyla doldurduysa, demokrasiyi, barışı, özgürlükleri savunanların da sınırları aşan bir anlayışla bir araya gelip alternatif bir rüzgâr yaratması şart.

İDEOLOJİK AYGITLAR

Önümüzdeki küresel fırsatlar ve sınır aşırı imkânlar konusunda, kendi alanımdan, medyadan örnek vereceğim:

Filozof Louis Althusser, 1960'ların sonlarında yazdığı »Devletin İdeolojik Aygıtları« makalesinde, çağdaş devletin, kamusal alanda otorite kurmak için polis, asker, cezaevi gibi baskı aygıtlarını kullandığı gibi, özel alanda da ideolojik aygıtlarla yurttaşların bu baskıyı yakınmadan kabullenmesini sağladığını haber vermişti. »Hiçbir sınıf, bu ideolojik aygıtlar üzerinde kendi hegemonyasını uygulamadan iktidarı kalıcı olarak elinde tutamaz« diye yazmıştı.[12]

»İdeolojik aygıtlar« diye saydıkları, aile, din, eğitim, basın, kültür gibi üstyapı kurumlarıydı. Bunlar, copla ya da süngüyle dayatılan baskıyı bireylerin direnmeden benimsemesini sağlıyor, bir anlamda »rıza üretiyor«du.

Bugünden bakınca, ideolojik aygıtlar listesinin başına medyayı koymak gerekiyor. Çünkü »müesses nizam«ın bir

12 https://www.marxists.org/reference/archive/althusser/1970/ideology.htm

»algı yönetimi« odası varsa, bunun merkez medyanın yönetim katlarında olduğunu rahatlıkla söyleyebiliriz.

Geçen yıl yapılan bir araştırmaya göre ortalama bir Alman seyirci, gününün 221 dakikasını televizyon karşısında geçiriyor. Bu rakam, Fransa'da 226, İtalya'da 261, Japonya'da 265, Türkiye'de 330 dakika ... Ekran karşısında geçirdiği 5,5 saatlik süreyle Türkiye seyircisi, dünya televizyon izleme rekorunu elinde bulunduruyor.[13] Peki, Türkiyeli seyirci, uykuda olmadığı vaktin üçte birinde »baktığı« ekranda ne görüyor:

Medyayı neredeyse tamamen kontrolüne almış olan Cumhurbaşkanı'nın törenlerini, toplantılarını, konuşmalarını ... Bakanlarının icraatlarını ... Halkının bilmesini istediği haberleri ... Onun dayattığı yaşam tarzını yansıtan dizileri ... Yaşananları onun gözlüğünden anlatan filmleri ...

Ülke savaşa mı girdi? Bütün kanallar birden, Genelkurmay destekli, savaşı yücelten diziler yayınlamaya başlıyor. İçki tüketimi mi çoğaldı, dizilerden kadehler kaldırılıyor. İktidarın oyu mu azaldı, muhalefet ekrandan kovuluyor.

Devleti dokunulmaz kılan, ona itaati kutsayan, resmi şiddeti meşrulaştıran diğer ideolojik aygıtlar, dini inançlar, aile değerleri, temel kurallar, toplumsal önyargılar, yaşam tarzları, siyasal eğilimler de, en uzak evlerin oturma odalarına destursuz girebilen televizyon eliyle şekillendiriliyor, dayatılıyor, yüceltiliyor. Böylece özellikle totaliter yönetim-

13 http://haber.sol.org.tr/medya/ulkelerin-televizyon-izleme-oranlari-aciklandi-turkiye-rekor-kirdi-191433

lerin hâkim olduğu, sivil toplumun yeterince gelişmediği, içe kapalı, örgütsüz toplumlarda, genelde medya, özelde televizyon, ailenin, caminin, kışlanın, okulun, sosyal hayatın işlevlerinin tümünü birden üstleniyor. Kahramanlar ve düşmanlar yaratıyor. Bazen korkuları büyütüyor, bazen duyguları sömürüyor. Ortada karşılıklı bir »iletişim« değil, tek yönlü bir aktarım olduğu için de ışıklı kutunun etkisi çok daha yoğun oluyor. Televizyon, günün üçte ikisinde işyerinde çalışan seyircisini koltuğunda yorgun argın teslim alıp gözünü bağlıyor, saatlerce ona ihtiyaç duyduğu masalları anlatıp uykusu gelince de yatağına yolluyor.

Baudelaire'in »gri göğün altındaki ovada, kamburu çıkmış vaziyette« yürürken gördüğü yorgun kitleler, acılarını dindirecek yeni bir teselli bulmuş gibi görünüyor. Karşı konulmaz bir izleme ihtiyacı içindeki medya yolcuları, kendilerini tutsak eden ekranlarını, laptoplarını, cep telefonlarını, ışıklı miğferler gibi taşıyor başlarının üzerinde ... Kilisenin, caminin mürit yitirmeye yüz tuttuğu yerde, medya, kitlelerin yeni afyonu olarak imdada yetişiyor.

Şimdilerde bu gönüllü esarete, sosyal medyanın kuşatmasını da eklemek lazım ... Herkesin kendine yakın fikir sahiplerini takibe almasıyla aslen yargıları pekiştirici bir işlev gören Twitter, Facebook gibi sanal mecralar da, iktidarın beslediği trol ordularının ya da data ticareti yapan sandık simsarlarının manipülasyonuyla demokrasiyi torpilliyor, iktidara çalışan, denetlenmesi zor bir dijital hükümranlık kuruyor. Yaratılan sanal toplumsal cemaatin dışında kalanlar, kendilerini yabancı ve yalnız, giderek suçlu hissediyor, nihayetinde sürüye katılmak zorunda kalıyor. Çoğunluğun sesinin cüretkâr bir tona kavuştuğu günümüzde, kalabalığa karışmanın, onaylamanın, susmanın konforu ve ödülü var; itirazın bedeli ise ağır …

Demokrasinin çoğulculuğunu, çok renkliliğini, çok sesliliğini koruyabilmek, bir arada yaşamanın toplumsal sözleşmesini yeniden yazabilmek için, birçok alanla birlikte, medyadaki ideolojik kuşatmayı da yarmamız gerekiyor.

YASAKLANAN HABERLER

İyi de nasıl?

»Televizyonlarınızı kapatın«, »Facebook'tan çıkın«, »Twitter'a girmeyin« demek, seyirciye, sosyal medya kullanıcısına ricat ya da gerilla savaşı tavsiye edilmesi anlamı taşıyor –ki günümüz koşullarında bu, gerçekçi değil. Peki yalan haberin hızla yayıldığı, medyanın uluslararası tekeller tarafından alınıp satıldığı, araştırmaya dayalı haberciliğin sansasyonel karşısında zemin kaybettiği, seçmen iradesinin data tüccarları tarafından satışa çıkarıldığı, sosyal medyanın asosyal bir kutuplaşma iklimi yarattığı bir çağda, iktidar markalı bu gözbağını nasıl çözeceğiz? Bakmaya alıştırılmış seyircinin görmesini nasıl sağlayacağız?

»Aktif demokrasi«nin, iletişim kanalları üzerindeki baskıları bertaraf etmek için geliştirdiği ortak akıldan bir örnek vereyim:

Paris merkezli Sınır Tanımayan Gazeteciler örgütü (RSF)

geçen sene »Yasaklanan Haberler« adlı bir projeyi devreye soktu.[14] Proje basit, ama son derece etkili bir dayanışma modeli kuruyordu: Herhangi bir ülkede, herhangi bir gazeteci, izlediği, araştırdığı, yazdığı bir haberden dolayı tehdit edilmiş, cezaevine konmuş, saldırıya uğramış, öldürülmüşse, dünyanın diğer ülkelerindeki meslektaşları, onun haberini hep birlikte araştırıp, tamamlayıp, dünyanın etkili gazetelerinde, aynı gün, hep birlikte yayınlayacaktı. Bunun iki etkisi olacaktı: Birincisi, baskı gören, sansürlenen, hapsedilen gazeteci, bu uluslararası yardım eli sayesinde yalnız olmadığını bilecek, cesaretlenecek, güçlenecekti.

İkincisi, onu hapseden kudret, saklamaya çalıştığı haberin, tersine dünya çapında duyulduğunu görecek, bir daha gazetecilere el uzatırken, iki kere düşünecekti.

Proje uygulamaya girdi ve daha ilk haberden, birbirimizi hiç tanımadan, birlikte neler yapabileceğimizi gördük.[15]

KÜLTÜREL DİRENÇ

Çizdiğim karanlık tablonun umut veren bir başka yanı daha var:

Merkez medya, büyüdükçe itibar kaybediyor. Tekelci gücüne rağmen (ya da onun yüzünden) okuru, izleyicisi

14 https://www.forbiddenstories.org/

15 https://www.youtube.com/watch?v=5li47UioNSA&app=desktop

azalıyor, ekonomik / siyasi bağımlılıkları ve gözbağcı yayın politikaları nedeniyle inandırıcılığını yitiriyor.

Öte yandan, ekrandaki, sayfalardaki düşünce tekelini kıracak, izleyicileri, okurları sarsarak uykudan uyandıracak, susturulanların sesi olacak bir »alternatif medya«, ufukta görünüyor. Dünyanın birçok köşesinde, iletişim hakları elinden alınmış, sansürlenmiş, işinden, ülkesinden kovulmuş gazetecilerin, sistemin çeperlerinde, yeraltında veya sürgünde kurduğu »medya gerillaları« başgösteriyor. Yakında özgür alternatif medyanın, sınırlı imkânlarına rağmen, teknolojinin sunduğu fırsatları kullanarak inandırıcı bir seçeneğe dönüşmesine, yurttaşın »seyirci«liğine son verme ve ona hakikati ulaştırma çabasına tanık olacağız. Elbette bu alternatif arayışı, sadece medyayla sınırlı değil. Kültürel alanda da sokağın sesi daha gür çıkıyor. Bir İngiliz grafiti sanatçısı, Manhattan'ın bir duvarına, Diyarbakır'daki bir siyasi tutuklunun resmini çizerek sanatçıların global dayanışmasına eşsiz bir örnek sunuyor.

Türkiye'de son iki yılda 16 televizyon kanalını, 45 gazeteyi, 15 dergiyi, 30 yayınevini kapattıran, 5 bin akademisyeni kapı önüne koyan, kitapları toplatan, heykelleri yıktırıp konserleri, dizileri yasaklatan Cumhurbaşkanı Erdoğan, bir konuşmasında, »14 yıldır iktidardayız. Ama hâlâ sosyal ve kültürel iktidarımızda sıkıntı var« dedi.[16] Bu itiraf, kültürel direncin etkisini ortaya koyuyor. Siyasal, bürokratik,

16 http://www.hurriyet.com.tr/erdogan-biz-14-yildir-kesintisiz-siyasi-iktida-40472521

iktisadi alanı hızla doldurabilen iktidar gücü, tercihleri şekillendiren »yumuşak güç« alanlarını, sosyokültürel mevzileri ele geçirmekte zorlanıyor. Çünkü orada, inanç oltasıyla avlanamayacak, paranın havucuyla tavlanamayacak, güçlü bir yığınak var. O yüzden 14 yılda sayısız köprü, site, yol yapanlar, kitleleri etkileyecek bir tek film, dizi, beste, yayın yapamıyor.

Türkiye gibi birçok ülkede, aydınlanmacı akım, gerici tırmanışa ve iktidar baskısına karşı – sessiz de olsa – hâlâ direnebiliyorsa, biraz da devletin ideolojik aygıtlarının, kültür alanına gücünün yetmemesinden …

En büyük avantajlarımızdan biri bu …

İtaati emreden baskıcı zihniyetin aksine, sorgulamayı öğrenerek yetişmemiz, belki bir arada durmamızı güçleştirdi, bizi fraksiyonlara böldü, fikir ayrılıklarına sürükledi, sayısız gruplara ayırdı, ama aynı zamanda çağdaş demokrasinin olmazsa olması sayılan çoğulculuk ipine sımsıkı sarılmamızı sağladı. Kültür alanı, demokratik direnişin önemli bir mevziine dönüştü.

Şimdi bu direnişi diğer alanlara da yayarak büyütüp her zeminde demokrasiyi yerleştirmek üzere atağa kalkma zamanı …

KNOW-HOW

ABD ve Avrupa'nın dünyanın kalanına işgalle »demokrasi« taşıdığı devir geride kaldı. Bizler, yani işgal ya da baskı altındaki ülkelerde uzun süredir demokrasi mücadelesi verenler, kavgaya yeni girenlere göre daha deneyimli sayılırız. Çünkü din kokulu popülizm, dünya çapında vizyona girmeden önce provasını Türkiye'de yaptı.

Birçok »demokratik ülke« halkının doğuştan sahip olduğu hakları, biz mücadeleyle kazanmıştık. Birçok Batılının çantada keklik saydığı hakların nasıl bir günde elden gidebildiğini, yaşayarak gördük. O hakları, ağır bedeller ödeyerek, bazen canımız pahasına savunduk. Bazısını geri alabildik, bazısını kaybettik. Fikirlerimizden ötürü yargılandık, haber yazdığımız için hapsedildik, gösteri yaptığımız için darbedildik, hukuksuzluğu, işkenceyi, tecridi, cinayeti gördük. »Kuvvetler ayrılığı« ortadan kalktığında, bütün güç tek elde toplandığında, adaletin nasıl bir anda ortadan kalktığına tanık olduk. »Hukuk devleti«nin, adaletin, demokrasiden de kıymetli olduğunu, kendine »demokrasi« diyen hukuksuz bir ülkede yaşayarak, savaşarak deneyimledik.

Sabahın seherinde kapımız çalındığında gelenin sütçü olmadığından emin olduğumuz için, özgürlüğün, laikliğin, insan haklarının, demokrasinin kıymetini çok iyi biliyoruz. O yüzden, şimdilerde basın özgürlüğünü hiçe sayan bir Başkanla mücadele eden Amerikalı gazetecilere »know-how« sunabilecek durumdayız. Merkez partiler çökerse doğan boşluğa nasıl sinsice popülist, ırkçı, dinci oluşumların yerleşebildiği konusunda Fransa'ya, Almanya'ya söyleyebileceklerimiz var. Neredeyse tamamı Müslüman bir ülkede laikliğin nasıl mümkün ama ne kadar kırılgan olduğunu, diğer Müslüman halklara anlatabiliriz.

Buna karşın onlardan öğreneceklerimiz de çok ... Bu insanlık bilgisini paylaşabilmek için, kıstırıldığımız sınırları aşmak zorundayız.

Nasıl delinen ozon tabakasının, kirlenen havanın, eriyen buzulların, yok edilen ormanların tahribatı sınır tanımıyorsa, çiğnenen insan haklarının, kısıtlanan özgürlüklerin, budanan demokrasinin yol açtığı tahribat da bütün insanlığı zehirliyor. Dünyanın demokrasiye inanan güçleri olarak bizi birbirimizden ülkelerimiz değil, ilkelerimiz ayırıyor artık ... Prensliklerimizin değil, prensiplerimizin bayrağını taşıyoruz.

Farklı kıtalardan, ülkelerden, renklerden, ırklardan, dinlerden, sınıflardan insanlar, aynı geminin içinde, yaklaşan büyük fırtınadan kurtulmaya çalışıyoruz. Geleceğimiz hiç olmadığı kadar birbirimize bağlı ... Edmund Burke'nin sözleri başucumuzda asılı:

»Kötülüğün kazanması için gereken tek şey, iyilerin bir şey yapmamasıdır.«

Kötülüğe karşı iyiliğin nihai zaferi için en kısa zamanda, küresel çapta anti-popülist, anti-militarist, anti-seksist, eşitlikçi, özgürlükçü, adil, demokratik bir yeni dil inşa edip aramızda onunla haberleşmeli, birbirimize güç verip dayanışmalıyız.

Sınır, engel, korku tanımadan, birlikte çalışıp dünyamızı karanlığın elinden geri almalıyız.

Tarihi gereği bu mücadelenin öncülerinden olması gereken Avrupa, tersine kamarasının kapısını sımsıkı kapatarak yaklaşan fırtınadan kurtulmaya çalışıyor. Oysa çok iyi biliyoruz ki, gemi su aldığında ya da kayalıklara çarptığında, insanlık suya gömülürken yaşlı kıtanın da ayakta kalma şansı yok.

Avrupa, mülteci krizinden sonra, tehlikeyi görünce kafasını içine çekip dikenlerini sivrilten bir kirpi gibi içine kapandı. Kapılarını sımsıkı kapattı, duvarlarını yükseltti, sınırlara dikenli teller ördü. Kapıları açmaya yeltenen Angela Merkel, popülistlerin ana muhalefet haline gelmesiyle cezalandırıldı.

Batı'nın mülteci akınını durdurabilmek için Türkiye ile yaptığı kirli anlaşma bile, çıkarları sözkonusu olduğunda ilkelerini harcamaktan hiç çekinmeyeceğini gösterdi bize ... Mültecilerin kilitli tutulduğu kampların anahtarını sallayarak »Kapıyı açarsam görürsünüz« diye şantaj yapan Erdoğan'ın karşısında teslim oldu Avrupa ...[17] Ve Türkiye'de demokrasi mücadelesi verenlere sırtını döndü.

Oysa bizler için Avrupa, şimdilerde vaat ettiği serbest vizeyle gidip gezebileceğimiz bir turizm beldesi değildi. Yargı bağımsızlığıydı. Basın özgürlüğüydü. Yurttaş katılımıydı. Sivil toplumdu. Kuvvetler ayrılığıydı. Kadın-erkek

17 https://www.reuters.com/article/us-europe-migrants-eu-turkey/turkeys-erdogan-threatened-to-flood-europe-with-migrants-greek-website-idUSKCN0VH1R0

eşitliğiydi. Farklı olma hakkıydı. Anti-militarizmdi. Laiklikti. Demokrasiydi. Bu ilkelerle buluşabilmek için istemiştik Avrupa Birliği'nin bir parçası olmayı ... Bizim uğruna ölümüne mücadele ettiğimiz ilkelerine sahip çıkmayan AB, popülizmin tuzağına düştü. Ve biz, Batı'ya karşı, onun kendine malettiği ilkelerini savunur duruma geldik. Türkiye Batılı olsun derken, Batı Türkiyelileşti.

Öte yandan, bu süreçte içine kapanan Avrupa, eski siyasi etkinliğini ve nüfuz gücünü de yitirdi. Global sistemdeki Batı egemenliği, yerini insan haklarının pek de popüler olmadığı Çin'in, Rusya'nın yükseldiği bir Doğu hükümranlığına terk ediyor şimdi ...

Kapılarını sımsıkı kapatan evler, havasızlıktan çürür, hastalık yayar. Tıpkı ülkeler gibi ...

Avrupa'nın krizini aşmasının, yeniden dünyada itibar kazanmasının, yükselen popülizmle başetmesinin yolu da evini havalandırmasından, kendisini vareden temel prensiplerine dönmesinden, çıkarına hizmet eden despotlarla değil, ilkelerine sahip çıkan demokratlarla dayanışmasından geçiyor.

Bu dayanışmayı sağlayabilmek için, hükümetlerin ya da sermayenin gündelik siyasal/mali tercihlerini aşan alternatif ilişki modelleri geliştirmemiz gerekir.

Özelde Almanya, genelde Avrupa, Türkiye'nin Erdoğan'dan büyük olduğunu görmeli ... Ve hükümetleri ne yaparsa yapsın, Avrupa'nın demokratik güçleri, Türkiye'de (ve genelde dünyada) özgürlük mücadelesi verenlerin safında yer almalı ...

Biz yine Leonard Cohen'in öngörüsüne güvenelim ve aynı »İstikbal« albümünde, ABD için muştuladığını tüm dünya için dileyelim:

İtaatsizlerle mücadeleden/
Gece gündüz çalan siren sesinden/
Evsizlerin ateşinden/
Eşcinsellerin küllerinden/
Amerika'ya demokrasi geliyor ...[18]

18 *Future* albümünden: *From the wars against disorder / From the sirens night and day / From the fires of the homeless / From the ashes of the gay / Democracy is coming to the USA*

1781

In seinem leidenschaftlichen Plädoyer für eine aktive Demokratie erklärt Can Dündar, warum es nicht mehr reicht, alle vier Jahre brav seine Stimme abzugeben. Seit Populismus zur globalen Krankheit geworden ist und nur noch 4,5 Prozent der Weltbevölkerung in vollständig demokratischen Zuständen leben, braucht es Bürger, die sich aktiv an der Politik beteiligen und ihre Stimme lautstark zu Gehör bringen. Dündar zeigt, wie jeder Einzelne sich für soziale Gerechtigkeit und Meinungsfreiheit einsetzen kann. Die große Hoffnung ist für ihn die internationale Solidarität, denn heute verläuft die Grenze nicht zwischen Türken und Deutschen, sondern zwischen Türken und Deutschen, die die Demokratie unterstützen und denen, die den Faschismus unterstützen. Wenn wir uns jetzt einmischen und uns erheben, ist noch nicht alles verloren.

Can Dündar, geboren 1961, schrieb für diverse Zeitungen, publizierte über zwei Dutzend Bücher und produzierte zahlreiche Fernsehdokumentationen. Er war Chefredakteur der renommierten Tageszeitung *Cumhuriyet* und schreibt die Kolumne *Meine Türkei* in der Wochenzeitung *Die Zeit*. Er ist Gründer und Chefredakteur der journalistischen Plattform #Özgürüz. Dündar lebt und arbeitet zurzeit in Berlin im Exil. Bei Hoffmann und Campe erschienen seine Bücher *Lebenslang für die Wahrheit* (2016) und *Verräter* (2017).

Can Dündar

TUT WAS!

Plädoyer für eine aktive Demokratie

Aus dem Türkischen
von Sabine Adatepe

Hoffmann und Campe

1. Auflage 2018

www.hoca.de
Gesetzt aus der Adobe Garamond Pro und Trade Gothic
Druck und Bindung: C. H. Beck, Nördlingen
Printed in Germany
ISBN 978-3-455-00453-3

HOFFMANN UND CAMPE

Ein Unternehmen der
GANSKE VERLAGSGRUPPE

In der Türkei zeigen Karikaturisten die Demokratie meist als strahlend schöne Königin. Eine attraktive, selbstbewusste, vitale junge Frau. Göttin der Ruhe, des Friedens und des Überflusses. Eine glaubensstarke, kämpferische Jeanne d'Arc. Eine Themis, die Schwert und Waage nie aus der Hand legt.

So stellte auch ich mir als Kind die Demokratie vor.

Heute, ein Dreivierteljahrhundert nach dem Zweiten Weltkrieg, hat sich die bildschöne Königin in meinem Kopf in eine schwache Greisin verwandelt. Im Osten der westlichen Welt drängt jemand sie unter das Kopftuch, ganz im Westen richtet ein anderer sie übel zu. Unsere gereizte, erschöpfte Demokratie hat die Hoffnung auf die Zukunft verloren und ringt mit dem Tod.

Wann und wie ist die einstige Schönheit zu einem solchen Wrack geworden?

Warum ist sie auf einmal so schwächlich?

Wo hat sie Fehler gemacht?

WINDS OF CHANGE

Erinnern Sie sich an 1989? An das Licht, das mit dem Fall der Mauer auf unsere Erdkugel fiel, an die Hoffnung, die zwischen ihren Überresten hervorspross? Enthusiastisch sangen die Scorpions *Winds of Change* und fragten: *Did you ever think / That we could be so close, like brothers?*[1]

Die blutbefleckten Erinnerungen, die uns gegeneinander aufgehetzt hatten, waren für immer begraben. Der Duft von Hoffnung lag in der Luft. Die Winde des Wandels läuteten die Freiheitsglocke und bliesen uns den Glauben an ein Morgen ins Gesicht. Das war überall zu spüren.

Was ist aus diesen Winden geworden?

Wann sind sie abgeflaut, warum hat sich ihr Hauch verbraucht?

Wie kam es, dass unsere Mutter Erde Kinder zur Welt gebracht hat, die sich nun überall gegen sie wenden?

Der erste Warnruf kam von Leonard Cohen. Keine drei Jahre nach dem Mauerfall, als in Europa noch der Freudentaumel über den unerwartet hereingebrochenen Frühling herrschte, warnte er auf seinem Album *The Future* vor einem heraufziehenden Schneesturm.[2] Wie ein Derwisch

1 The Scorpions, *Winds of Change*, Text von Klaus Meine.

2 Vom Album *The Future* aus dem gleichnamigen Song: *Give me back the Berlin wall / Give me Stalin and St. Paul / I've seen the future, brother / It is murder.*

hatte er eine Vorahnung, vernahm in der Ferne das Rumoren der Reue, roch den heraufziehenden Sturm und forderte die Berliner Mauer zurück. Denn er hatte die Zukunft gesehen. »Mord« sei die Zukunft. Im Magen der neuen Ordnung grummelte es vor Mordlust. Die Utopie würde schon bald ihrem verfluchten Zwilling, der Dystopie, weichen.

DEMOKRATIE IM STILLSTAND

Ein Vierteljahrhundert später belegte der Demokratie-Index 2017[3], dass sämtliche Prophezeiungen aus Cohens Lied eingetroffen waren.

Der Report verkündete, auf der Welt seien kaum Fortschritte in Sachen Demokratie zu verzeichnen, ganz im Gegenteil gebe es massive Rückschritte. Nur 4,5 Prozent der Weltbevölkerung lebten demnach in vollständig demokratischen Zuständen. Rund ein Drittel der Staaten werde von autoritären Regimen regiert. Der Index wies auf Rückschritte insbesondere in Asien hin, stufte die Vereinigten Staaten, die im Vorjahresbericht noch zu den »vollständigen Demokratien« gezählt hatten, zu den »unvollständigen Demokratien« zurück und erklärte die Türkei zum »größten Journalistengefängnis der Welt«.

3 https://www.eiu.com/topic/democracy-index

In entwickelten Demokratien hätten sich die politischen, sozialen und kulturellen Spannungen verschärft und die Spaltung der Gesellschaft vertieft, die Wahlbeteiligung und das Interesse der Bevölkerung an Politik seien geschrumpft. Das Vertrauen in Institutionen habe abgenommen, traditionelle Parteien verlören an Attraktivität, die Kluft zwischen Eliten und Wählern risse weiter auf. Presse- und Meinungsfreiheit sowie Bürgerrechte seien allerorten Angriffen ausgesetzt. Regierungen schränkten die Freiheit der Bürger ein und stärkten zugleich die eigene Macht.

In den letzten Jahren wurden aus fast allen Hauptstädten Europas ähnliche Wahlergebnisse gemeldet. In den Niederlanden, Frankreich, Österreich, Deutschland, Italien – überall sorgen die Parteien der Mitte für Überdruss und schmelzen dahin, die Rechnung für ihr Scheitern geht an die liberale Demokratie, populistische Parteien, die sich Abschottung, EU-Austritt und Ausländerfeindlichkeit auf die Fahnen geschrieben haben, sind rasant gewachsen. Unter dem Beifall der Massen ist ein vor siebzig Jahren eingesargter Vampir wieder zum Leben erweckt worden.

Die Demokratie scheint auf dem Kontinent, auf dem sie einst entstand, geschlagen, der Populismus ist zur globalen Krankheit geworden.

Wo nur hat sich unsere Welt diese Krankheit geholt?

Was ist geschehen, dass die Winde des Wandels, die gegen Ende des vergangenen Jahrhunderts so stark wehten, uns Tumult statt Stabilität gebracht haben?

Wie konnten aus den Trümmern der gefallenen Mauer noch höhere Mauern entstehen?

Kurz: Warum steht die Welt seit fünfzehn Jahren kopf?

DIE HERRSCHAFT DER ANGST

Auf den ersten Blick scheint alles das Werk ein und desselben Despoten zu sein:

Ich nenne ihn den »Herrscher der Angst«.

Als der globale Sturm des Wandels unvermutet über uns hereinbrach und alles hinwegfegte, was wir im vergangenen Jahrhundert für unumstößlich gehalten hatten, entstand zunächst eine Atmosphäre großer Ungewissheit und anschließend ein Klima ernsthafter Besorgnis.

Wir bekamen es mit der Angst zu tun.

Der Nationalstaat, der uns immer ein einigermaßen vorhersehbares Leben in bekannten Grenzen versprochen hatte, ist auf einmal von der Bühne abgetreten. Über die offeneren Grenzen sind multinationale Konzerne und internationale Organisationen gekommen, die große Reden schwingen und grellbunt leuchten. Grenzenloser Wettbewerb, Technologien, deren Sprache wir nicht verstehen, ein dreistes neues System ohne Regeln und Ordnung, das Argwohn und Unsicherheit verursacht – all das hat unser Gleichgewicht aus dem Lot gebracht.

Unser Verhältnis zu der Gewerkschaft am Arbeitsplatz, zum Krämer an der Ecke, zu der Zeitung, die wir lasen, der

Bank, der wir unser Geld anvertrauten, dem Telefon in unseren Händen, der Partei, der wir unsere Stimme gaben, hat sich im Eiltempo verändert, unsere familiären Beziehungen, Arbeitsverhältnisse, Fernsehnachrichten, Immobilienkredite, Lebensweisen – alles Gewohnte ist fremd geworden und wandelt sich. In einem sozialen Erdbeben spüren wir den Boden, auf dem wir uns seit Generationen bewegt haben, erschüttert und uns unter den Füßen entgleiten.

The Future steht vor der Tür.

Wir haben Angst.

Manche von uns fürchten den Terror, der Blutspuren durch die Straßen unserer Städte gezogen hat, manche fürchten die ungeheure Migrationswelle, die unsere Grenzen bestürmt, manche fürchten, durch diese Flut ihre Arbeit zu verlieren. Einige schreien auf: »Der religiöse Glauben geht verloren!«, andere warnen: »Die Religion kommt an die Macht!« Einige fürchten sich vor Atomwaffen, andere, keine Atomwaffen zu besitzen. Manche sind erschrocken angesichts von Börsen, an denen es drunter und drüber geht, andere über die globale Erwärmung. Manche haben Angst, im Alter obdachlos zu werden, andere, in einem solchen Chaos Kinder zur Welt zu bringen. Manche fürchten, ihre Kinder an hitzige Hasardeure zu verlieren, andere fühlen sich bedroht, wenn Homosexuelle heiraten dürfen.

Die Wolke der Angst, die aus den Trümmern der gefallenen Mauer emporgewabert ist, hat sich in alle Winkel unseres Erdballs ausgebreitet.

Erschreckend sind die Zahlen, die Yascha Mounk in seinem Buch *Der Zerfall der Demokratie*[4] nennt:

Vor zwanzig Jahren fanden nur 25 Prozent der Briten die Idee eines starken Staatschefs attraktiv, der sich nicht um Parlament und Wahlen schert, heute sind es dagegen über 50 Prozent. 1995 glaubte einer von sechzehn Amerikanern, ein Militärregime sei besser als Demokratie, heute dagegen ist es einer von sechs. In Deutschland wurden die Populisten zur größten Oppositionspartei im Bundestag, in Österreich wurden sie sogar so stark, dass sie als Koalitionspartner mitregieren, auch in Frankreich, den Niederlanden, Italien, Griechenland, Polen und Ungarn haben sie Aufwind oder sind an der Regierung beteiligt. Die »Krankheit« grassiert also auch auf dem europäischen Kontinent.

Die Massen, die den von Cohen angekündigten »Mord« vorausahnen, vereinen sich keineswegs in einer politischen Verteidigungslinie, um solidarisch nach Auswegen zu suchen, vielmehr verschanzen sie sich hinter den Sesseln autoritärer Führungspersönlichkeiten, die ihnen ihre aufgestauten Sorgen nehmen und neue Mauern an ihren Grenzen errichten, die die Fremden zurückschicken, an die die Massen ihre Jobs zu verlieren fürchten, und die ihnen das Gefühl geben, nicht allein zu sein, die ihnen Selbstbewusstsein und Geltung versprechen.

4 Yascha Mounk: *Der Zerfall der Demokratie. Wie der Populismus den Rechtsstaat bedroht.* Droemer Verlag, München 2018.

Putin, Trump, Orbán, Strache, Wilders, Erdoğan und Berlusconi sind nicht die Ursachen der globalen Angst, die die Welt im Griff hält, sondern ihr Resultat.

Mit Macht ausgestattet von den Massen, die sich verängstigt unter ihre Fittiche flüchten und sie beknien, das Problem mit welchen Mitteln auch immer zu lösen, fordern sie die ihrer Fähigkeit zur Problemlösung verlustig gegangene Politik der Mitte, das Establishment, heraus. Statt Alternativen zu bieten, greifen sie das System an:

Mit verschiedenen Methoden wie der Manipulation von Wahlergebnissen, der Entlassung eigensinniger Richter, Attacken gegen kritische Medien und der Inhaftierung von Widersachern demontieren sie der Reihe nach die wichtigsten Standbeine der Demokratie.

Als starke Persönlichkeiten kommen sie nicht nur den Massen ohne Selbstvertrauen gelegen, sondern auch dem begehrlichen internationalen Kapital. Die Demokratie der Koalitionen tut sich schwer mit Entscheidungen, weil sie nach Ausgleich sucht. Den »Alleinherrscher« eines totalitären Regimes zu überzeugen, ist dagegen viel einfacher, erst recht wenn er geldgierig ist. Die liberale Überzeugung, Freihandel benötige Demokratie und freie Gesellschaften, um Waren zu verkaufen und neue Märkte zu erschließen, straft das globale Kapital Lügen, wenn es auf stabilen Despotismus statt auf demokratisches Chaos setzt.

Themis hat die Waage der Gerechtigkeit sinken gelassen und konzentriert stattdessen ihre Kraft auf das Schwert.

All dies sind Resultate. Um die Gründe zu verstehen, müssen wir weiter zurückgehen und näher betrachten, wie das Klima der Besorgnis, das eine seit dem Zweiten Weltkrieg einzigartige Vertrauenskrise und Tendenz der Autoritarisierung ausgelöst hat, entstehen konnte.

Ich will aus meiner persönlichen Perspektive von dieser Zeit erzählen. Dass es sich bei dem Ausschnitt, den ich aus meinem lokalen Fenster sehe, um einen Teil der Szenerie handelt, die sich uns nun in globalen Ausmaßen zeigt, verstehe ich jetzt viel besser.

TÜR AUF FÜR ISLAMISTEN

Zu Zeiten des Kalten Kriegs war es einfach, die Welt zu begreifen:

Wir gehörten entweder zum Osten oder zum Westen. Waren entweder rechts oder links. An einem der beiden Pole zu stehen, gab uns ein Zugehörigkeitsgefühl, einen Identitätsausweis. Trotz mancher Klagen fühlten wir uns in Sicherheit in einer Gruppe, die uns schablonenhafte Meinungen bot, in der übergestreiften Uniform, mit dem Abzeichen am Kragen.

Ende der siebziger Jahre, als ich Student war, bekämpften sich in der Türkei Rechte und Linke in zwei gegnerischen Lagern auf den Tod. Täglich starben etliche Menschen meines Alters. Heiß spiegelte sich hier der Kalte Krieg. Die Türkei lag auf der Grenzlinie, wo Ost und West aufeinandertrafen. Sie war einerseits ein ferner Satellit der USA, aber auch offen für die von ihrem Nachbarn Sowjetunion ausgehenden Verheißungen des Sozialismus.

Unter jungen Leuten gab es neben Nationalisten auf der einen und Revolutionären auf der anderen Seite noch eine dritte Gruppe: die Islamisten. Wenn irgend möglich, hielten sie sich aus den Auseinandersetzungen heraus. Vom Trottoir aus beobachteten sie schweigend, wie in den Straßen das Blut floss. Recep Tayyip Erdoğan war damals einer der führenden Köpfe dieser islamistischen Jugend. Er wartete ab, bis seine Zeit anbrach.

1980 war die außerparlamentarische Opposition in der Türkei so groß geworden, dass sie eine Bedrohung für das Regime darstellte. Die Politik steckte in der Sackgasse, eine Wirtschaftskrise stand vor der Tür. In der Armee, die sich als Gründer und Hüter der Republik verstand, hatte die Besorgnis über den Kommunismus ihren Gipfel erreicht. Im September übernahmen die türkischen Streitkräfte schließlich mit einem – wie sich später herausstellte, von den USA unterstützten – Putsch die Macht. Das Militär sperrte die einander bekämpfenden jungen Nationalisten und Revolutionäre ins Gefängnis, sie mussten sich dieselben Zellen teilen. Damit blieben die Straßen den Beobachtern am Rande: den Islamisten. Um die wachsende gesellschaftliche Opposition und die sich radikalisierende linke Bewegung zu zerschmettern, machte sich das Militär nun die Religion und die Religiösen zunutze. Junta-Chef Kenan Evren trat öffentlich mit dem Koran in der Hand auf, führte obligatorischen Religionsunterricht ein und ließ immer mehr Imam-Hatip-Schulen für die Ausbildung von Predigern eröffnen.

Erdoğan ist also auch eine bittere Frucht dieser Militärintervention und der Zugeständnisse, die damals an den politischen Islam gemacht wurden.

DIE WELT UNTERDESSEN

Betrachten wir parallel, was damals bei uns in der Türkei und in der Welt geschah, werden rasch Koinzidenzen deutlich.

In Washington wurde Ende der siebziger Jahre die Strategie »grüner Gürtel« ausgeheckt.[5] Die Sicherheitsberater im Weißen Haus hatten ein neues Bollwerk gegen die Sowjetunion und den Kommunismus entdeckt: den politischen Islam.

Das Grün des Islam sollte dem Rot aus Moskau den Weg verrammeln und die Russen von den Ölregionen fernhalten, einem Interessengebiet der USA. Zu diesem Zweck stellte die CIA die afghanischen Mudschaheddin unter ihren Schutz. Sie züchtete radikale Islamisten heran, die gegen die sowjetischen Invasoren kämpfen sollten, organisierte und bewaffnete sie. Als die sowjetische Armee 1988/89 aus

5 Weiterführende Informationen zum sogenannten »grünen Gürtel« siehe Robert Dreyfuss: *Devil's Game: How the United States Helped Unleash Fundamentalist Islam,* Dell Publishing, New York 2005.

Afghanistan abzog, blieben widerständige Mudschaheddin zurück. Diese gründeten dann die Taliban.

Der Geburtsort von al-Qaida ist Afghanistan, das Geburtsdatum ein Jahr vor dem Fall der Berliner Mauer: 1988.

Bin Laden war die giftige Frucht der US-amerikanischen Unterstützung islamistischer Radikaler, die den Kommunismus bekämpfen sollten.

Mudschaheddin als Bollwerk gegen die Sowjetunion heranzuzüchten, war ein kapitaler Fehler Washingtons. Als die USA versuchten, diesen Fehler zu korrigieren, begingen sie einen fast ebenso gravierenden: Man glaubte, radikale Islamisten durch gemäßigte stoppen zu können. So entstand das Projekt »gemäßigter Islam«.[6]

GEMÄSSIGTER ERDOĞAN?

Bevor das Militär in der Türkei die Regierungsverantwortung abgab, verbot es die alten Parteien und belegte deren Politiker mit Berufsverbot. Das politische Establishment hatte vollständig abgewirtschaftet. In den neunziger Jahren wurden insgesamt acht Koalitions- oder Minderheitsregierungen gebildet. Die politische Instabilität führte auch die Wirtschaft in die Krise. Der Zerfall der Mitte in einer Atmosphäre, in der linke Politik unterdrückt wurde, bereitete

6 Ausführliche Informationen zum Thema »gemäßigter Islam« siehe https://icct.nl/wp-content/uploads/2017/08/ICCT-Schmid-Moderate-Muslims-and-Islamist-Terrorism-Aug-2017-1.pdf

dem politischen Islam den Weg und ließ ihn als Alternative erscheinen. Man glaubte, die auf dem politischen Parkett noch unroutinierten Islamisten würden sich »wenigstens nicht in Korruption verstricken«. Die unter dem Militärregime gut genährte Generation der Religiösen war zur Machtübernahme bereit. Insbesondere Recep Tayyip Erdoğan vermittelte Washington den Eindruck eines »gemäßigten« Spitzenpolitikers, mit dem man harmonisch kooperieren könnte.

War er denn tatsächlich gemäßigt?

Nein.

Bereits als Bürgermeister von Istanbul hatte er 1996 gesagt: »Die Demokratie ist für uns nicht das Ziel, sondern ein Instrument.«[7] Diesen radikalen, demokratiefeindlichen Diskurs aus den Anfängen seines politischen Aufstiegs bemühte er sich zu verbergen, je näher er der Macht kam. Aus strategischen Gründen spielte er, bis er die Macht ganz in den Händen hielt, die von ihm erwartete Rolle des »Gemäßigten«, gab anti-militaristische Botschaften von sich, von denen er wusste, dass sie dem Westen gefallen würden, sprach sich für die Integration der Türkei in die EU aus, redete von liberaler Wirtschaft, freiem Markt, Menschenrechten und verbarg sein eigentliches Ziel, bis die Armee, die ihm als das größte Hindernis erschien, aus dem Weg geschafft war.

7 Interview mit Nilgün Cerrahoğlu in der Zeitung *Milliyet* vom 14. Juli 1996.

EINE FRANKENSTEIN-STORY: DER 11. SEPTEMBER

Die Anschläge vom 11. September waren für die USA ein Frankenstein-Moment:

Die Kreatur hatte ihren Schöpfer angegriffen und Washington ein plausibles Motiv zur Intervention in Nahost geliefert. Aus Sicht der USA begann nun das Zeitalter »Entweder bist du für uns oder für den Feind«.

Als George W. Bush beschloss, im Irak zu intervenieren, um die eigenhändig herangezüchteten Mudschaheddin zu vernichten – wie Frankenstein sein Monster jagt –, stellte sich der sozialdemokratische türkische Premierminister Bülent Ecevit dem entgegen, er gestattete Washington nicht, die amerikanischen Stützpunkte in der Türkei zu benutzen. Damit hatte sein Stündlein geschlagen, der widerspenstige Premier musste beseitigt werden. Als er gestürzt wurde, sagte Ecevit immer wieder, gegen ihn sei ein amerikanisches Komplott im Gange. Ein islamischer Verbündeter, der mit ihnen im Nahen Osten kooperieren und der Besetzung eines islamischen Landes zustimmen würde, war für die USA in dieser Situation äußerst wertvoll.

Die Anschläge vom 11. September fallen mit dem Gründungsjahr von Erdoğans AKP, der Partei für Gerechtigkeit und Entwicklung, zusammen: 2001.

Im Jahr der Einrichtung des Gefangenenlagers Guantánamo übernahm die AKP die Regierung: 2002.

Im Jahr der US-Invasion im Irak wurde Erdoğan Premierminister: 2003.

Als sie in der Türkei an die Macht kamen, standen die Islamisten vor einer schwierigen Wahl:

Gegen ihre muslimischen Nachbarn, die besetzt werden sollten, standen die invasionsbereiten fernen christlichen Verbündeten.

Erdoğan bezog unverzüglich Stellung gegen den Irak an der Seite der USA, die auf seine Unterstützung angewiesen waren. Doch die islamische Welt, deren Führerschaft er anstrebte, erwies sich als weniger wendig und pragmatisch als er.

WARUM FREUT SICH DIESE FRAU?

Zwei Tage nach den Anschlägen vom 11. September schrieb ich den Artikel *Warum freut sich diese Frau?*[8] Bei der besagten Frau handelte es sich um eine Palästinenserin, die angesichts des Dramas, das sich in den einstürzenden Zwillingstürmen am 11. September abspielte, vor laufenden Kameras im palästinensischen Flüchtlingslager Schatila im Libanon vor Freude jubelte. Eine Amerikanerin dagegen, die in denselben Minuten in einer New Yorker Bar die

8 Kolumne von Can Dündar in der Zeitung *Milliyet* vom 13. September 2001: http://www.milliyet.com.tr/2001/09/13/yazar/dundar.html

Fernsehnachrichten verfolgte, weinte: »Oh Gott, ich kann nicht glauben, dass das in meiner Stadt passiert. Es ist wie in Beirut.«

Die eine war glücklich, weil das, wovon sie geglaubt hatte, es würde nur ihr zustoßen, nun dem Land widerfuhr, das in ihren Augen verantwortlich für ihr Leid war.

Die andere war entsetzt, weil sie die Tragödie, von der sie geglaubt hatte, sie würde nur ihr unbekannte Menschen an fernen Orten treffen, nun in der eigenen Heimat erlebte.

An der Wurzel der tiefen Spaltung, die die Welt entzweit, liegt mutmaßlich die unüberbrückbare Distanz zwischen diesen beiden Frauen:

Auf der einen Seite die aus Diskriminierung geborene Wut, auf der anderen der eitle Gedanke: »Solche Dinge geschehen nur in Jerusalem oder Beirut. Mich berührt das nicht.«

Die Bedrohung ist nicht länger der Kommunismus und auch nicht der Terrorismus allein, schrieb ich damals in meinem Artikel. *Die neue Bedrohung ist das tiefe Gefühl des Ausgeschlossenseins, das im Hinterhof unserer postglobalen Welt Menschen dazu bringt, dem brutalsten Attentat unserer Epoche zu applaudieren, die Erkenntnis, benachteiligt zu sein, und die daraus entstehende Welle blutiger Rebellionen. Gegen Selbstmordattentäter, die entschlossen sind, unschuldige Zivilisten mit sich in den Tod zu reißen, können reguläre Armeen und Geheimdienste nichts ausrichten. Es reicht auch nicht, dass wir derartige Anschläge mit Abscheu verurteilen. Die Einteilung der Welt in »Zivilisierte« und »Unzivilisierte« führt lediglich zur Vertiefung der Kluft. Weiterbringen würde die Menschheit dagegen, wenn sich beide Frauen in der sich globalisierenden Welt als gleichberechtigte, auf derselben Erde mit den gleichen Möglichkeiten ausgestattete Bürgerinnen empfinden könnten und beide einen fairen Teil vom Wohlstand abbekämen.*

KRAMPF UND TRUMP

Wenn ich von der Welle der Angst gesprochen habe, die heute die ganze Welt erfasst hat, und von der Suche der besorgten Massen nach starken Führungspersönlichkeiten mit eiserner Faust, von denen sie sich Rettung erhofften, dann muss ich auch erwähnen, wie diese Angst geschaffen wurde.

2002 versetzten die amerikanischen und britischen Regierungen die Welt mit der Meldung in Alarm, Saddam Hussein verfüge über Massenvernichtungswaffen. Eine glatte Lüge. Später kam heraus, dass die Geheimdienste beider Länder erhebliche Zweifel daran hatten und diese ihren Regierungen auch mitgeteilt hatten.[9] Der an die Behauptung, das syrische Regime habe in Ost-Ghuta Chemiewaffen eingesetzt, erinnernde Riesenschwindel genügte, um die Öffentlichkeit im Westen in Angst und Schrecken zu versetzen.

9 https://www.independent.co.uk/news/uk/politics/chilcot-report-inquiry-tony-blair-iraq-war-weapons-of-mass-destruction-evidence-verdict-a7122361.html

Bush und Blair hatten die Panik ausgelöst, um anschließend verkünden zu können: »Wir sind das Mittel gegen eure Ängste!« Wovor die Menschen sich tatsächlich hätten fürchten sollen, das waren allerdings die starken Männer, unter deren Fittiche sie sich in ihrer Angst flüchteten. Doch in der damaligen Panik war niemand imstande, das zu erkennen. Das Stockholm-Syndrom hatte die Welt erfasst.

Der Invasionsplan funktionierte tadellos. Der Westen würde einem »nicht demokratischen Land Demokratie bringen«. Vor laufenden Kameras wurden Saddam-Statuen mithilfe amerikanischer Seile gestürzt. Der irakische Staatschef wurde hingerichtet.

Ohne jede Kenntnis des Ostens, seiner Geschichte, der Kartografie seiner Religionen, seiner soziokulturellen Struktur, seiner Geschichtsauffassung waren die »Befreier aus dem Westen« überzeugt: »Ist der Tyrann weg, kommt die Demokratie.« Nach den Invasionen hielt aber keineswegs Demokratie Einzug in diese Länder, vielmehr gingen auch noch die zuvor mit Bajonetten durchgesetzte Ruhe und das mühsam aufrechterhaltene laizistische System zu Bruch. Im nachfolgenden Chaos in den »mit Demokratie beglückten« Ländern kamen bei ethnischen und konfessionellen Konflikten Tausende von Menschen ums Leben, Millionen wurden in die Flucht getrieben. Neue Migrationswellen zogen neue Ängste nach sich, die ihrerseits zu verschärften Sicherheitsvorkehrungen führten. Verschreckt durch Sprengsätze, die in den Straßen für sicher gehaltener Städte explodierten, riefen die Massen angesichts der Alternative »Demokratie oder Sicherheit?« in Todesangst nach mehr Sicherheit. So begann der Krampf der Demokratie.

Was Donald Trump an die Macht brachte, war zu einem gewissen Teil dieser Krampf.

DIE FOTOS DER »FREIHEIT«

Denken Sie an die Fotos, die wir ab 2003 aus dem Irak zu sehen bekamen:

Der Gefangene in Nadschaf, über den Kopf einen schwarzen Plastiksack gestülpt, der seinen vierjährigen Sohn auf dem Schoß hält und tröstet.

Die Soldatin im Gefängnis von Abu Ghraib, die mit Victory-Zeichen vor einer Pyramide aus nackten irakischen Männern posiert.

Der irakische Gefangene mit Stromkabeln am Körper auf einer Kiste, kaum in der Lage, sich aufrecht zu halten.

Gefangene, auf die Hunde gehetzt werden, um sie zum Verkehr miteinander zu zwingen.

Mit Knüppeln vergewaltigte Soldaten.

Vor den Augen muslimischer Gefangener zerrissene, in die Latrine geworfene Koran-Ausgaben.

Diese Fotos, aufgenommen von Amerikanern, die gekommen waren, um dem Irak »die Freiheit« zu bringen, haben im Gedächtnis der islamischen Geografie tiefe Spuren und

Sedimente des Zorns hinterlassen, die über Generationen nicht zu tilgen sein werden. Sie haben den Samen für den Baum des Hasses gesät, der noch etliche Jahre Früchte tragen wird. Ohne sich diese Bilder vor Augen zu halten, ist es unmöglich, die heute in der islamischen Welt verwurzelte Feindseligkeit dem Westen gegenüber zu verstehen und eine Lösung zu finden.

Im Wörterbuch der Muslime steht unter dem Eintrag für »der Westen« nicht »Demokratie«, sondern »Besatzung«. Und »Freiheit« bedeutet dort »Folter«.

Der Eifer des Westens, vollkommen fremde Gesellschaften per Militärintervention zu transformieren, hat nur dazu geführt, diese Gesellschaften dem Westen gegenüber weiter zu radikalisieren und sogar bei antiimperialistischen Linken Sympathien für radikale Islamisten zu wecken. Aus den Trümmern jeder Diktatur, die die USA in der arabischen Welt stürzten, ging der politische Islam hervor.

In der neuen Welt, in der der sozialistische Block zerfallen ist, der westliche Block seine Ideologien begraben hat und Ungleichheit, Regellosigkeit und Räuberei herrschen, wurde der Islam zur einzigen Stimme der Rebellion.

Wer die jungen Leute aus ganz verschiedenen Ländern und unterschiedlichen gesellschaftlichen Schichten, die sich dem IS angeschlossen und mit furchtbaren Mordanschlägen Blutbäder in Europas Hauptstädten angerichtet haben, nicht verstehen kann, sollte sich diese Stimme einmal anhören.

INNERE BLUTUNGEN

Was ich damit sagen will: Das an irgendeinem Tag in einer Ecke der Welt irgendwem zugefügte Unrecht wird sich später in einer ganz anderen Ecke der Welt an völlig anderen Menschen rächen.

Eine Foltersitzung in Guantánamo hat verheerende Folgen für die Besucher eines Berliner Weihnachtsmarkts.

Ein in Abu Ghraib von Hunden zerrissener Leib zerfetzt andere Körper in der Redaktion einer Pariser Satirezeitschrift.

Ein Kind, dessen Vater in Falludscha erschossen wurde, sucht den Täter bei einem Überfall in einem Istanbuler Nachtclub an Silvester.

Vergeltung für Aleppo wird in London geübt.

Die Repressionen, Folter, Invasionen, die wir täglich als Kurzfilme in den Fernsehnachrichten sehen und von denen wir glauben, sie würden uns nicht berühren, bluten nach innen weiter und werden zu Hass. Die blutende Stelle trifft dann Unschuldige in weit entfernten Städten. Und zieht den Ausnahmezustand nach sich.

»Wenn wir mehr militärische Maßnahmen ergreifen und die Wunde dick verbinden, können wir das Blut stoppen«, denken Sie vielleicht, doch da täuschen Sie sich. Denn das Problem ist zu kompliziert, um sich durch massive Sicherheitsvorkehrungen, weiter gehende Geheimdienstkooperationen und verstärkte Aufrüstung lösen zu lassen. Der

Druck auf die Wunde stoppt die Blutung nicht, er sorgt lediglich für Wundbrand. Die innere Blutung schwächt die Konstitution weiter. Sie mutiert zu einem irrationalen Fanatismus, der meint, die Menschen im Westen, die Verwestlichung, das Christentum, gar die moderne Zivilisation seien verantwortlich für das Geschehen in Nahost, und bereitet den Weg für Abschottung, antiwestliche Haltung und die Sprache des Hasses.

Im Westen dagegen hüllt sich die Krankheit in den Mantel einer Ausländerfeindlichkeit, die von Islamophobie bis hinzu Hass auf Flüchtlinge reicht.

Die ideologische Ost-West-Spaltung von früher ist abgelöst worden von einer Spaltung nach Religion oder sogar Rasse.

Hand in Hand stürzen beide Extreme die Welt in die Katastrophe.

Einen entscheidenden Unterschied zum Ost-West-Konflikt gibt es allerdings bei der neuen Polarisierung:

Die Grenzlinien zwischen den Polen sind nicht mehr so deutlich wie gewohnt.

Lauteten die Alternativen nunmehr »musterhafte Demokratien« auf der einen und »brutale Diktaturen« auf der anderen Seite, hätten wir es einfach. Wir könnten eine Seite wählen und im sicheren Hafen dieses Lagers Zuflucht suchen. Stattdessen sehen wir uns einer hochkomplexen Szenerie gegenüber:

Totalitäre Regime, die von demokratischen Regierungen in anderen Weltgegenden unterhalten werden, breite

Kreise, die unter diesen Regimen für Demokratie kämpfen, Despoten mitten in Europa, Freiheitskämpfer, die den Diktatoren despotischer Regime die Stirn bieten, rassistische Bewegungen, die in Ländern sprießen, die doch als »Wiege der Demokratie« gelten, im Westen aufgewachsene junge Leute, die zum Dschihad in den Nahen Osten ziehen, Wähler in europäischen Hauptstädten, die Militärregimen den Vorzug vor Demokratien geben …

In diesem neuen asymmetrischen Krieg, in dem die Grenzen von Klassen, Ideologien und Identitäten verwischen, haben wir es viel schwerer als früher.

DIE WIEGE DER DEMOKRATIE?

Wo wir schon dabei sind, will ich auch das Attribut »Wiege der Demokratie« hinterfragen.

Hat die westliche Welt diesen Titel eigentlich verdient?

Im Westen existieren tatsächlich egalitäre Demokratie, Gewaltenteilung, unabhängige Justiz, freie Presse, Laizismus/Säkularismus und Zivilgesellschaft. Das Pro-Kopf-Einkommen, die Lebensqualität, das Bildungsniveau und die Menschenrechtsbilanz sind hervorragend in den Staaten des Westens. Aber wie gehen diese Länder mit anderen um?

Vor Jahren interviewte ich die Tochter eines Polizeikommissars, der wegen Anwendung von Folter verurteilt worden war.

Bass erstaunt sagte sie: »Ich kann einfach nicht glauben,

dass mein Vater so etwas Brutales getan haben soll«, und erzählte, wie liebevoll er daheim zur Familie sei.

Die USA behandeln ihre eigenen Kinder liebevoll, folterten Häftlinge in Guantánamo aber mit sogenanntem *Waterboarding* – dürfen wir ihnen das Attribut »ausgereifteste Demokratie der Welt« zuschreiben?

Die Niederlande überließen Zehntausende Bosniaken in der UN-Schutzzone bei Srebrenica ihrem Schicksal, lieferten 350 Jungen und Männer den Serben aus und machten sich so mitschuldig an dem Massaker – dürfen wir ihnen die Medaille »ideale Demokratie« anstecken?

Die deutsche Demokratie drückt ein Auge zu, wenn die deutsche Rüstungsindustrie Waffen sowohl an die Kurden als auch an die türkischen Streitkräfte verkauft, die in Syrien gegen die Kurden kämpfen – dürfen wir sagen, sie stehe im Dienst des Friedens?

Die englische Premierministerin besuchte unmittelbar vor den wichtigsten Wahlen der türkischen Geschichte die Türkei, lobte die von Staatspräsident Erdoğan zertrümmerte Justiz und verkaufte dem Land zwei Kampfjets im Wert von 100 Millionen britischen Pfund – repräsentiert sie die legendäre englische Demokratie?

Als die Verfechter der Demokratie in der Türkei sahen, wie leicht Europa seine Prinzipien über Bord warf, als es um seine tagespolitischen Interessen ging, waren sie zutiefst enttäuscht. Ihnen hat sich ins Gedächtnis eingegraben, wie Erdoğans Unterdrückungsregime hofiert wurde, damit nicht noch mehr Flüchtlinge nach Europa kämen, wie bei

Besuchen in Ankara kaum Menschenrechtsverletzungen angesprochen wurden, damit der Handel keinen Schaden nähme, aber Waffengeschäfte abgeschlossen wurden, wie man zum größten Journalistengefängnis der Welt schwieg, um einen profitablen Markt nicht zu verlieren.

Wir wissen längst, dass die Welt nicht in »West« und »Ost« gespalten ist.

Doch wie wir die Zärtlichkeit von Vätern hinterfragen, die ihre eigenen Kinder liebevoll, die Kinder anderer Leute aber grausam behandeln, müssen wir auch die Demokratie von Staaten hinterfragen, die selbst bequem in einem geregelten System leben, ins Ausland aber Faschismus exportieren.

Verteilen wir das Demokratie-Zeugnis an Staaten, sollten wir nicht nur darauf schauen, wie sie regiert werden, sondern auch darauf, wen sie außerhalb ihrer eigenen Grenzen beherrschen beziehungsweise welche Art von Regimen sie unterstützen.

DIE NÄGEL IM SARG

Wenn es um Demokratie geht, müssen wir noch weitere Fragen stellen. Eine lautet:

Gibt die demokratische Legitimation einer Regierung ihr das Recht, die Demokratie zu zerschlagen, sie gar zu vernichten?

Was, wenn der Staatschef eines Landes, das wir demokratisch nennen, nachdem er durch demokratische Wahlen an die Macht gekommen ist, die Möglichkeiten der Demokratie nutzt, um die Ecksteine des Gesellschaftsvertrags in seinem Land einen nach dem anderen und vor aller Augen zu demontieren, Justizurteile zu missachten, die Pressefreiheit zu attackieren und Journalisten des Betrugs zu bezichtigen? Wenn er jene beschimpft, die gegen Rassismus protestieren, wenn er Migranten beleidigt, Frauen belästigt?

Wenn er mit Unterstützung der von ihm verführten Massen die Gewaltenteilung aussetzt, die gesamte Macht auf sich konzentriert und diese Macht anschließend benutzt, um die Demokratie, der er seine Existenz verdankt, abzuschaffen?

Wenn er, wird er zur Rechenschaft gezogen, sich hinter der Ausrede verschanzt: »Ich wurde gewählt, es ist der Wille des Volks. Es gibt keine Macht, die höher steht«?

Sollen wir, nur weil er durch Wahlen an die Macht gelangt ist, die Hälfte der Stimmen erhalten und die Mehrheit des Volkes verführt hat, derartigen Totalitarismus als »legitim« akzeptieren?

Ist die Wahlurne das einzige Heiligtum der »Religion Demokratie«?

Und was, wenn jene, die ihre Stimmen demokratiefeindlichen Politikern geben, in einer Stimmung der Verzweiflung, Angst oder giftigen Propaganda freiwillig eine potenzielle Diktatur unterstützen, die ihnen möglicherweise nie wieder die Gelegenheit zur Stimmabgabe bieten wird? Wenn sie an die Wahlurnen gehen und den Sarg der Demokratie zunageln, wie Füchse, die zum Einkaufen in ein Pelzgeschäft gehen?

Hat die Demokratie nicht das Recht, sich zu verteidigen?

Wenn die Mehrheit tatsächlich keinen Wert mehr auf Demokratie legt, nicht zur Wahl geht, gar äußert, um der Sicherheit willen bereit zu sein, auf die Demokratie zu verzichten und ihre Freiheiten zu opfern, müssen wir in der Minderheit verbleibenden anderen uns dann dem despotischen Willen schweigend beugen?

Müssen wir um der Heiligkeit des Wahlrechts und der Immunität des Gewählten willen die Augen verschließen, wenn eine antidemokratische Bewegung demokratische Methoden missbraucht, wenn vom Weg der Demokratie abgekommene Massen die Demokratie zu Grabe tragen?

Der Missbrauch der Demokratie und wachsender Populismus an den Wahlurnen stürzen auch von der pluralistischen Demokratie eigentlich überzeugte Schichten in Pessimismus und lassen sie gegen gleiches Wahlrecht für alle wettern und sich auf die Suche nach undemokratischen Auswegen machen.

Sollen wir die Demokratie, die trotz all ihrer Fehler immer noch die beste Regierungsform ist, die wir haben, schutzlos dastehen lassen, weil sie zunehmend aus der Mode kommt?

Meine Antwort lautet:

Nein!

Demokratie muss sich verteidigen. Deshalb müssen sich

demokratische Kräfte erneuern, stärken und sich mit neuen Ansätzen und aktuellen Methoden zur Wehr setzen.

AKTIVE DEMOKRATIE

In der Nachkriegswelt bedeutete Demokratie freie Wahlen, Wählerinitiativen, Mehrheitswille. Vom Wähler wurde erwartet, alle vier oder fünf Jahre seine Stimme abzugeben. An einem Sonntag ging der Wähler ins Wahllokal, um das ihm eingeräumte Recht zu nutzen, verschwand in der Kabine, schaute sich auf dem Wahlzettel die Parteilogos an, die ihm »Wähl mich!« zuzwinkerten, machte bei einem sein Kreuz und gewann oder verlor am Schluss. Dann verfolgte er vier, fünf Jahre lang die Resultate seiner Entscheidung. Bis er bei der nächsten Wahl erneut an die Urne gebeten wurde.

Diese Vorstellung von Demokratie hat ausgedient.

Wie die Zahl der Kirchgänger abnahm, als das Vertrauen in die Kirche sank, gingen nach der Erosion des Vertrauens in die Politik auch immer weniger Menschen in die Wahllokale, ehemals die Tempel der Demokratie. Die Wahlbeteiligung brach ein. Die »Mehrheit« wurde zur Minderheit.

Insbesondere durch Manipulationsfähigkeit, Stimmenraub, digitalen Betrug, Datenhandel und Aufweichung des Wählerwillens, die im 21. Jahrhundert rasant um sich gegriffen haben, verloren die Wahlurnen ihre Vertrauenswürdigkeit.

Konzerne, die Verbrauchertendenzen an bestzahlende Parteien vermarkten und auf fünf Kontinenten Wählerhandel betreiben, haben die Wahlurnen zum Sarg der Demokratie gemacht und sie zu Grabe getragen.

Heutzutage ist die Demokratie derart komplex, dass sie nicht mehr allein mit »Wille der Mehrheit« zu übersetzen ist. Bei dieser Komplexität kann und darf der Wähler nicht in der Rolle eines passiven Zuhörers verharren, der willig einem Virtuosen lauscht und vertraut. Moderne Demokratie ist der Name eines Ideals, das ein harmonisches Orchester schafft, in dem alle Stimmen gemeinsam zur Geltung kommen.

Wenn heute von »demokratischen Kräften« die Rede ist, können wir darunter nicht länger passive Wähler verstehen, die alle Jubeljahre zur Wahl gehen, sondern aktive Individuen, die überall und auf jeder Ebene den Willen zeigen, an der Regierung mitzuwirken; eine organisierte Gesellschaft, die imstande ist, der von Tag zu Tag wachsenden Macht der Regierung oder global agierender Konzerne Paroli zu bieten; die Initiative von Bürgern, die ihre Rechte in Anspruch nehmen und bei der geringsten Intervention aufstehen; öffentliche Kontrolle, die für eine transparente Regierung und Verwaltung mobilmacht und sich gegen die Vermarktung der eigenen Daten zu politischen Zwecken wehrt; Beteiligung von Kommunalverwaltungen, NGOs, kleinen und mittleren Betrieben, Verfechtern von Bürgerrechten und Minderheitenvereinigungen an Entscheidungsmechanismen; die Injektion von Demokratie ins Alltagsleben; die gegenseitige Unterstützung globaler Organisationen und internationaler Solidaritätsnetzwerke, die auf globaler Ebene für die Wahrung der Grundrechte sorgen; Bevölkerungen, die die Strippen, mit denen ihnen die Arme gebunden waren, selbst zu ziehen wagen ... An die Stelle des Rechts der Mehrheit auf Herrschaft, das der Kindheit der Demokratie zu eigen war, ist heute der Kampf der Minderheit für ihr Anderssein getreten, für ihren Anspruch auf ein alternatives Leben, auf ihr Recht, sich nicht dem Mehrheitswillen beugen zu müssen. Unverzichtbar gehört heute zur Demokratie, das Existenzrecht des einen Prozents gegen die restlichen 99 Prozent zu schützen. Uns geht es nicht länger darum, Wähler zu sein, die alle vier Jahre ihre Stimme abgeben, sondern Bürger, die sich an der Entwicklung von Politik beteiligen, die ihre Zukunft betrifft, Menschen, die ihren Willen in Entscheidungsmechanismen einbringen.

Das nenne ich »aktive Demokratie«.

Eine Dynamik, die den Kreislauf unserer Königin, die schwerfällig davon geworden ist, bloß alle vier, fünf Jahre zur Wahl zu gehen und bei den anschließenden Machtspielen im Zuschauersessel zu sitzen, in Schwung bringt und sie verjüngt. Ein neues Bürgerverständnis, das uns die Hauptrolle in dem Spiel gibt, bei dem wir bislang nur zugeschaut haben.

SIMURGH

Es ist wie in der persischen Simurgh-Fabel.

In der Fabel machen sich die Vögel auf die Suche nach dem Retter Simurgh, damit er ihre Probleme löse. Gemeinsam ziehen sie durch sieben tiefe Täler. Manche geben auf und bleiben auf der Strecke. Am Ende der Reise sind nur noch dreißig Vögel übrig. Als sie am Berg Qaf ankommen, erfahren sie, dass Simurgh »dreißig Vögel« bedeutet. Der Retter, nach dem sie auf der langen, lebensgefährlichen Reise gesucht haben, ist ihr miteinander entwickelter gemeinsamer Wille.

Wir leben nicht länger im Zeitalter der Helden.

Die Epoche charismatischer Führer, die im Laufe des 20. Jahrhunderts die Völker zum Triumph oder in die Katastrophe führten, ist zu Ende. Bei dem um 2010 angebrochenen Arabischen Frühling, bei der Occupy-Wall-Street-Bewegung oder bei den türkischen Gezi-Protesten war kein Führer, keine Führung gefragt. Die Menschen sprachen die gemeinsame Sprache der Solidarität und bildeten gemeinsam den Simurgh. (Hatte Leonard Cohen nicht bereits Mitte der achtziger Jahre gesungen: *First we take Manhattan, then we take Berlin*?)

Wir haben keinen Simurgh mehr, zu dem wir gehen, an den wir Gebete richten oder auf den wir am Fenster warten könnten. Wir haben lange, anstrengende Wege auf den Spuren falscher Propheten zurückgelegt und sind meist enttäuscht worden, nun haben wir gelernt, dass der sehnsüchtig gesuchte Retter aus dem Willen entsteht, den wir entwickeln, wenn wir Seite an Seite stehen. Jetzt ist es an der Zeit, dass die »dreißig Vögel« sich überlegen: Was können wir gemeinsam tun, wie überwinden wir den Berg, der sich vor uns auftürmt, wie meistern wir die aufgehäuften Probleme, wie durchbrechen wir die vor der Demokratie errichtete ideologische Belagerung?

DIE CHIMÄRE AUF DEM RÜCKEN

Erinnern wir uns an Baudelaire, bevor wir die Lösung diskutieren:

Unter einem großen grauen Himmel, in einer großen staubigen Ebene, ohne Wege, ohne Gras, ohne eine Distel, ohne eine Nessel, begegnete ich einigen Männern, die gebeugt dahingingen.

Jeder von ihnen trug auf seinem Rücken eine riesige Chimäre, so schwer wie ein Sack Mehl oder Kohle oder wie das Gepäck eines römischen Fußsoldaten. Doch das abscheuliche Tier war kein lebloses Gewicht; im Gegenteil, es umfasste und drückte den Mann mit seinen geschmeidigen und mächtigen Muskeln, es krallte sich mit seinen beiden gewaltigen Greifwerkzeugen in die Brust seines Reittiers; und sein Kopf, der eines Fabelwesens, überragte die Stirn des Mannes wie einer jener fürchterlichen Helme, mit denen die Krieger alter Zeiten den Schrecken des Feindes zu erhöhen hofften.

Ich stellte einem dieser Männer Fragen; ich fragte ihn, wohin sie gingen. Er antwortete mir, dass er es nicht wisse, weder er noch die andern; dass sie aber offenbar irgendwohin gingen, da sie von einem unbezwinglichen Bedürfnis zu gehen vorwärtsgetrieben würden.

Merkwürdige Beobachtung: Keiner dieser Wanderer machte den Eindruck, als sei er gegen dieses ihm am Halse hängende und ihm am Rücken klebende grausame Tier aufgebracht; man hätte meinen können, er betrachtete es als einen Teil seiner selbst. Alle diese müden und ernsten Gesichter ließen keinerlei Verzweiflung erkennen; unter der Himmelskuppel des Spleens, die Füße durch den Staub eines Bodens schleppend, der ebenso trostlos war wie der Himmel, schritten sie vorwärts, mit dem ergebenen Ausdruck von Menschen, die dazu verurteilt sind, immerfort zu hoffen.

Und der Zug ging an mir vorbei und tauchte in den Dunst des Horizonts ein, wo die Rundung des Planeten sich der Neugier des menschlichen Blicks entzieht.

Und während einiger Augenblicke wollte ich hartnäckig dieses Geheimnis ergründen; doch bald ließ sich die unwiderstehliche Gleichgültigkeit auf mich nieder, und ich wurde von ihr schwerer zu Boden gedrückt als jene von ihren lastenden Chimären.[10]

10 Charles Baudelaire: »Jeder hat seine Chimäre«. In: Ders.: *Le spleen de Paris / Pariser Spleen. Petits poèmes en prose / Kleine Gedichte in Prosa.* Französisch/Deutsch. Übersetzt von Kay Borowsky. © 2008 Philipp Reclam jun. Verlag GmbH, Stuttgart, S. 25–27.

Der Glauben, den Baudelaire vor 150 Jahren in einer großen Ebene sah, getragen auf dem Rücken armer Leute, ist heute schwerer noch als damals, aber auch stärker.

Die Religion – Karl Marx beschrieb sie einst als *Seufzer der bedrängten Kreatur, das Gemüt einer herzlosen Welt, wie sie der Geist geistloser Zustände ist*[11] – berauscht auch weiterhin Gesellschaften, vor allem solche im Entwicklungsstadium. Sie bietet Trost für Sorgen und zugleich Legitimität für Repressalien.

Die in den letzten zehn Jahren in der Türkei angestiegene Religiosität lässt sich mit Religionspolitik und -kommerz, die beide zugenommen haben, ebenso erklären wie mit den wachsenden Sorgen derer, die dahinwandern, *die Füße durch den Staub eines Bodens schleppend, der ebenso trostlos war wie der Himmel.* Es ist der trostlose Marsch der Massen, die beim Angriff des gefräßigen Marktes ihre Parteien, Gewerkschaften, Anführer, Organisationen, die sich für ihre Rechte einsetzten, verloren haben, sie marschieren auf die einzige ihnen verbliebene Hoffnung zu.

Also muss unser vordringlichstes Ziel sein, die Angst abzubauen, die einerseits das Bedürfnis nach Schutz weckt und andererseits die Repressionen seitens jener legitimiert, die behaupten, ebendieses Bedürfnis zu befriedigen. Wir können die Menschen nicht gewinnen, ohne ihnen das Gefühl der Sicherheit zu bieten, das Tempel und Paläste ihnen

11 https://www.marxists.org/archive/marx/works/1843/critique-hpr/intro.htm

geben. Ob man einen Horrorfilm allein zu Hause anschaut oder gemeinsam mit anderen, macht einen Unterschied. Genau wie wenn man einander auf dem Weg durch eine finstere Gasse an den Händen hält. Stehen wir zusammen, ist es leichter, unsere Ängste zu überwinden und einander Mut zu machen. Darum ist es unabdingbar, dass wir bei der großen Sturmflut sichere Häfen füreinander schaffen.

STEH AUF!

Wir sind mit einem globalen Angriff auf unsere Freiheiten konfrontiert. Dagegen ist vereinzelter Widerstand auf lokaler Ebene zu schwach. Die globale Attacke können wir nur mit globalem Widerstand abwehren. Damit können wir die uns von der Globalisierung zugefügten giftigen Wunden mit einer Medizin heilen, die uns wiederum die Globalisierung bietet. Globalisierung ist nicht unser Gegner, sie ist der Name einer Kraft, die wir uns zunutze machen können. Wenn die Flut, die alle Zufluchtsstätten fortreißt, richtig gelenkt wird, kann sie die Mühlen unseres Engagements für Gerechtigkeit, Gleichheit und Freiheit antreiben. Sie kann uns mit Menschen, die anderswo auf unserem Planeten für Freiheit kämpfen, zusammenbringen und lehren, wie wir Unrecht, Rassismus und Populismus gemeinsam bekämpfen können. Mit ihrer Hilfe können wir Menschen, die das Gefühl haben, ganz allein dazustehen, zurufen: »Du bist nicht allein, wir sind da!«

Wenn wir den Menschen ein Gefühl von Sicherheit, Hoffnung auf die Zukunft und Überlebensgarantien geben können, verringern sich die Chancen auf einen Sieg für Trump, der eine Mauer zu Mexiko baut, und für Erdoğan, der an der syrischen Grenze eine Pufferzone einrichtet.

Eine auf die Menschen fokussierte, Leistung und Arbeit fördernde Finanzpolitik und eine auf Entwicklung bauende Wirtschaft, die in erster Linie auf Investitionen, Wachstum und gerechte Verteilung setzt und für die Schaffung neuer Arbeitsplätze sorgt, um den Schmerz von Arbeitslosigkeit zu lindern, wäre imstande, die panische Angst abzubauen, Flüchtlinge würden den Arbeitsmarkt überrennen.

Universale Friedenspolitik würde jene, die aus Gründen des Machterhalts Angst verbreiten, entwaffnen.

Es ist an der Zeit, die bedrängte Menschheit die liebevolle Hand der Solidarität erfahren zu lassen. Dazu braucht es ein globales Solidaritätsnetzwerk, in dem wir alle mitarbeiten.

Fürchten Menschen, arbeitslos zu werden, müssen wir die Gewerkschaften reorganisieren.

Fürchten sie einen Nuklearkrieg, müssen wir Anti-Atom-Kampagnen in die Wege leiten.

Sorgen sie sich wegen des Flüchtlingszustroms, müssen wir uns für eine Lösung des Problems an der Wurzel einsetzen, für Frieden in Nahost, damit den Geflüchteten die Heimkehr ermöglicht wird.

Verbreitet die um sich greifende Gewalt Angst und Schrecken im Alltag, müssen wir bei den Videospielen der Kinder anfangen, uns gegen individuelle Bewaffnung stellen und Wege finden, den Einfluss der Waffenlobby zu brechen, die die Regierungen in aller Welt, insbesondere in den USA, in die Knie zwingt.

Lösen Homoehe, unterschiedliche sexuelle Präferenzen und vom Mainstream abweichende Meinungen Sorge, Widerspruch oder Ärger bei den Massen ohne Bewusstsein aus, müssen wir uns Lehrbücher, Populärkultur und Fernsehserien vornehmen. Wir müssen in eine Zukunft investieren, in der wir in all unserer Unterschiedlichkeit zusammenleben können, indem wir in jedem Bereich Empathie fördern, Intoleranz aus den Köpfen tilgen und Hassdiskurse beseitigen.

Verlage müssen Bücher von Angehörigen von Minderheiten, diskriminierten Migranten, verachteten Flüchtlingen und Opfern rassistischer Übergriffe drucken.

In Galerien, auf Theaterbühnen, in Konzertsälen müssen Werke gezeigt werden, die im Mainstream keinen Platz bekommen.

Musiker aus unterschiedlichen Kulturen müssen gemeinsam spielen und sich des kulturellen Erbes annehmen, das in Vergessenheit zu geraten droht, das verboten oder vernachlässigt wurde.

Wie die Waffenlobby in Filme investiert, in denen Kugeln durch die Luft schwirren, muss die gemeinsame Kraft des Friedens Filme zur Abrüstung finanzieren, muss sich die Sprache des Friedens auf Leinwänden, Bildschirmen und Bühnen widerspiegeln.

Zeitungen müssen ihre Kolumnen unterschiedlichen Meinungen öffnen, Radiosender Menschen beschäftigen, deren Stimmen zum Verstummen gebracht wurden.

Anwaltskammern müssen Mechanismen schaffen, um gemeinsam das Unrecht zu bekämpfen, das sich epidemisch von Tag zu Tag, von Land zu Land weiter ausbreitet.

Universitäten müssen ihre Pforten Wissenschaftlern öffnen, die aus ihren Fachbereichen und Ländern vertrieben wurden, und neue Abteilungen einrichten, damit die Konfliktregionen der Welt besser verstanden und für komplex gewordene Probleme gemeinsam Lösungen entwickelt werden können. Grundlagen für eine bessere Integration verschiedener Gesellschaften müssen geschaffen werden, dazu müssen Austauschprogramme für Studierende besser finanziert werden.

Sportvereine müssen überzeugt werden, ihren Einfluss zur Bekämpfung von Rassismus, Hassdiskursen und Gewalt einzusetzen. Olympiaden, Turniere und Wettkämpfe sollten keine unbarmherzigen Auseinandersetzungen sein, sondern sich in Vorbilder freundschaftlichen Wettbewerbs verwandeln.

Wie die #MeToo-Bewegung gemeinsam gegen Belästigung, Erniedrigung und Gewalt gegen Frauen protestierte, sollten ähnlichen Kampagnen für sexismusfreie Sprache, nicht diskriminierende Politik und eine gleichberechtigte, globalisierte Welt eintreten.

Parteien, Gewerkschaften, Jugendorganisationen, NGOs, die gedrängt werden, sich »lokal und national« zu verhalten, müssen zu Zusammenarbeit auf globaler Ebene ermutigt und unterstützt werden. Wenn die Ko-Vorsitzenden und zehn weitere Abgeordnete der zweitgrößten Oppositionspartei in der Türkei in Haft sind, muss die Weltdemokratiefamilie vor den Gefängnistoren stehen und am ersten Verhandlungstag in den Gerichtssaal drängen.

Da mittlerweile bekannt ist, dass es beim Engagement für die Umwelt um den Überlebenskampf der Erde geht, muss gegen die globale Vergiftung der Geist für grenzüberschreitenden Aktivismus geweckt werden.

Aufgeklärte Religionsgelehrte sollten zusammenarbeiten, um Laizismus wieder aufzubauen und Fanatismus abzuwehren. Lehrer sollten sich vernetzen, um die Sprache des Friedens zu etablieren, engagierte Bürgermeister, um kommunale Verwaltungen zu stärken, umsichtige Stadtplaner, um die Ausplünderung der Städte zu verhindern, uneigennützige Mediziner, um Gesundheitsversorgung für alle auf globaler Ebene zu erreichen.

Das Kapital der reichsten ein Prozent der Weltbevölkerung ist heute größer als das der restlichen 99 Prozent.[12] Das zeigt uns, wie sich unsere Welt in den Klauen der tagtäglich wachsenden Ungerechtigkeit windet. Dank einer globalen Kooperation, wie ich sie beschrieben habe, brachten die *Panama Papers* ans Licht, wie und wo sich die besagten ein Prozent verstecken. Jetzt sind von sozialer Gerechtigkeit überzeugte Wirtschaftswissenschaftler gefragt, um die un-

12 https://www.oxfam.de/blog/oxfams-zahlen-sozialer-ungleichheit-so-haben-gerechnet?page=1

gleiche Einkommensverteilung zu überwinden, und Experten der Sozialpolitik, um nachhaltige politische Strategien für die öffentliche Hand zu entwickeln.

Das Boot des Populismus bläht seine Segel mit den Winden der Angst – Verfechter von Demokratie, Frieden und Freiheit auf der ganzen Welt müssen zusammenkommen und dafür sorgen, dass der Wind sich dreht.

IDEOLOGISCHE INSTRUMENTE

Was die uns gegebenen globalen Chancen und grenzüberschreitenden Möglichkeiten angeht, will ich Beispiele aus meinem eigenen Bereich, den Medien, geben:

Der Philosoph Louis Althusser stellte in seinem Ende der sechziger Jahre verfassten Aufsatz »Ideologie und ideologische Staatsapparate« fest, der moderne Staat benutze Repressionsinstrumente wie Polizei, Armee und Gefängnisse, um Autorität im öffentlichen Sektor herzustellen, im privaten Sektor sorgten ideologische Apparate dafür, dass die Bürger die Repression klaglos hinnehmen. Er schrieb: *Keine herrschende Klasse [kann] dauerhaft die Staatsmacht innehaben, ohne gleichzeitig ihre Hegemonie über und in den ideologischen Staatsapparaten auszuüben.*[13]

13 Althusser, Louis: *Ideologie und ideologische Staatsapparate.* S. 122. Revidierte Übersetzung von Peter Schöttler unter Mitarbeit von Klaus Riepe. http://www.agpolpsy.de/wp-content/uploads/2014/08/Althusser-Ideologie-und-ideologische-Staatsapparate.pdf (Zugriff 10. 04. 2018).

Als »ideologische Apparate« listet er Meta-Institutionen wie Familie, Religion, Bildung, Presse und Kultur auf. Diese würden dafür sorgen, dass mit Knüppel oder Bajonett durchgesetzte Repression von den Individuen widerstandslos hingenommen werde, sie sie in gewisser Weise billigten.

Von heute aus betrachtet, gehören die Medien an die Spitze der Liste ideologischer Apparate. Denn wenn die »etablierte Ordnung« einen »Rezeptionsraum« hat, dann, das dürfen wir wohl ohne Bedenken sagen, befindet er sich in den Chefetagen der Mainstream-Medien.

Einer Untersuchung aus dem vergangenen Jahr zufolge verbringt der durchschnittliche deutsche Fernsehzuschauer 221 Minuten täglich vor dem Fernsehapparat. In Frankreich sind es 226, in Italien 261, in Japan 265 und in der Türkei 330 Minuten. Mit seinen fünfeinhalb Stunden vor dem Bildschirm hält der türkische Zuschauer den Weltrekord im Fernsehen.[14] Was sieht der Zuschauer in der Türkei in dem Drittel seiner wachen Zeit, wenn er auf den Bildschirm schaut?

Reden, Versammlungen, Zeremonien des Staatspräsidenten, der die Medien nahezu vollkommen unter seine Kontrolle gebracht hat. Taten seiner Minister. Nachrichten, die er der Bevölkerung zur Kenntnis bringen will. Serien, die den von ihm protegierten Lebensstil widerspiegeln. Filme, die Geschehnisse durch seine Brille wiedergeben …

14 http://haber.sol.org.tr/medya/ulkelerin-televizyon-izleme-oranlari-aciklandi-turkiye-rekor-kirdi-191433

Ist das Land in einen Krieg eingetreten, laufen im Nu auf sämtlichen Kanälen vom Generalstab unterstützte kriegsverherrlichende Serien. Wird im Land mehr Alkohol getrunken, werden Gläser mit alkoholischen Getränken aus den Serien verbannt. Verringert sich die Zustimmung für die Regierung, wird die Opposition vom Bildschirm verjagt.

Auch die anderen ideologischen Instrumente, die den Staat unantastbar machen, den Gehorsam gegen ihn verklären und offizielle Gewalt legitimieren, wie religiöser Glaube, familiäre Werte, Grundregeln, gesellschaftliche Vorurteile, Lebensstile und politische Tendenzen, werden anhand des Fernsehens, das bis in die Wohnzimmer auch der entlegensten Häuser dringen kann, geformt, aufgezwungen, verherrlicht. Auf diese Weise übernehmen speziell in schlecht organisierten, abgeschotteten Gesellschaften, in denen totalitäre Regime herrschen und die Zivilgesellschaft unterentwickelt ist, die Medien im Allgemeinen und das Fernsehen im Besonderen sämtliche Funktionen von Familie, Moschee, Kaserne, Schule und sozialem Leben auf einmal. Sie produzieren Helden und Gegner. Bald verstärken sie die Ängste, bald beuten sie Gefühle aus. Da es sich nicht um »interaktive Kommunikation« handelt, sondern um einseitige Sendung, ist der Einfluss der Flimmerkiste enorm. Das Fernsehen übernimmt den erschöpften Zuschauer, nachdem er zwei Drittel seines Tages am Arbeitsplatz verbracht hat, führt ihm Illusionen vor, erzählt ihm stundenlang die Märchen, die er braucht, und schickt ihn ins Bett, wenn er müde wird.

Baudelaires erschöpft Dahinwandernde, *die Füße durch den Staub eines Bodens schleppend, der ebenso trostlos war wie der Himmel*, scheinen einen neuen Trost zur Linderung ihres Leids gefunden zu haben. Die Medienreisenden mit ihrem unwiderstehlichen Drang zum Zuschauen tragen die Bildschirme, Laptops, Handys, die sie gefangen halten, wie strahlende Helme auf ihren Köpfen. Wo Kirchen und Moscheen Besucher einbüßen, eilen die Medien als das neue Opium fürs Volk zu Hilfe.

Heutzutage begeben sich die Menschen nicht nur in die freiwillige Gefangenschaft des Fernsehens, sondern auch der sozialen Medien. Virtuelle Kanäle wie Twitter und Facebook, die vor allem der Bestätigung des eigenen Urteils dienen, weil wir Personen folgen, die ähnlich denken wie wir selbst, torpedieren mittels Manipulation durch Trollheere in Regierungshand oder Datenhandel betreibende Wahlagenten die Demokratie und errichten eine kaum kontrollierbare digitale Herrschaft, die der Macht in die Hände spielt. Wer bei der auf diese Weise geschaffenen virtuellen Sozialgemeinschaft außen vor bleibt, fühlt sich fremd, einsam und zunehmend schuldig, sodass er sich schlussendlich notgedrungen doch der Herde anschließt. Heute, da die Stimme der Mehrheit einen dreisten Ton angenommen hat, ist es bequem und wird es belohnt zu schweigen, mit der Menge zu schwimmen und ihr zuzustimmen, Widerspruch dagegen hat einen hohen Preis.

Um den Pluralismus, die Vielfarbigkeit und Vielstimmigkeit der Demokratie zu bewahren und den Gesellschaftsvertrag des Zusammenlebens neu schreiben zu können, müssen wir die ideologische Belagerung in den Medien durchbrechen.

VERBOTENE NACHRICHTEN

Schön und gut, doch wie?

»Schaltet den Fernsehapparat aus«, »Meldet euch bei Facebook ab«, »Geht nicht auf Twitter« zu empfehlen, wäre für die Nutzer sozialer Medien eine Empfehlung zum Rückzug in die Isolation oder zum Guerillakrieg und damit unrealistisch. Wie aber lässt sich der Illusionismus Marke Machthaber in einer Zeit auflösen, da Fake News grassieren, Medienhäuser von internationalen Konzernen ge- und verkauft werden, investigative Berichterstattung gegenüber Sensationsjournalismus an Boden verliert, der Wählerwille von Datenhändlern zum Verkauf angeboten wird und die sozialen Medien ein Klima asozialer Polarisierung schaffen? Wie können wir das ans Zuschauen gewöhnte Publikum dazu bringen, zu sehen?

Ich will ein Beispiel kollektiver Vernunft geben, wie sie von der »aktiven Demokratie« entwickelt wurde, um mit den Repressionen gegen Kommunikationskanäle fertigzuwerden:

Die Organisation »Reporter ohne Grenzen« mit Sitz in Paris startete im letzten Jahr ihr Projekt *Forbidden Stories*.[15]

15 https://www.forbiddenstories.org/

Es basiert auf einem einfachen, aber höchst effektiven Solidaritätsmodell: Wird irgendwo auf der Welt ein Journalist wegen einer Recherche oder eines Berichts bedroht, inhaftiert, angegriffen oder getötet, übernehmen Kollegen in anderen Ländern gemeinsam seine Recherche, führen sie fort und publizieren schließlich das Ergebnis gleichzeitig in einflussreichen Zeitungen auf der ganzen Welt. Bewirkt wird damit zweierlei: Zum einen weiß der unterdrückte, zensierte, inhaftierte Journalist aufgrund der internationalen Unterstützung, dass er nicht allein ist, er wird ermutigt und gestärkt. Zum anderen sieht die Macht, die ihn einsperrt, dass der Bericht, den sie zu verhindern suchte, nun erst recht in aller Welt Gehör findet, sie wird sich zweimal überlegen, ob sie Journalisten anrührt.

Das Projekt wird inzwischen umgesetzt, gleich bei den ersten Berichten hat sich gezeigt, was man gemeinsam bewirken kann, ohne einander persönlich zu kennen.[16]

KULTURELLER WIDERSTAND

Das finstere Bild, das ich hier gemalt habe, birgt allerdings auch eine Hoffnung machende Seite:

Die Mainstream-Medien verlieren an Ansehen, je größer sie werden. Trotz (oder gerade wegen) ihrer Monopolstel-

16 https://www.youtube.com/watch?v=5li47UioNSA&app=desktop

lung laufen ihnen die Leser beziehungsweise Zuschauer davon, und sie büßen aufgrund ihrer ökonomischen und politischen Abhängigkeit und der illusionistischen Publikationspolitik ihre Glaubwürdigkeit ein. Hinzu kommt, dass »alternative Medien«, die das Meinungsmonopol auf Bildschirmen und Seiten brechen, Zuschauer und Leser aufrütteln, aus ihrem Schlaf wecken und zur Stimme der zum Schweigen Gebrachten werden können, bereits am Horizont zu sehen sind. In unzähligen Ecken der Welt tauchen »Guerilla-Medien« auf, gegründet von zensierten, ihres Rechts auf Kommunikation beraubten, aus ihren Jobs und Ländern vertriebenen Journalisten an den Membranen des Systems, im Untergrund oder im Exil. Wir werden bald erleben, dass freie alternative Medien trotz begrenzter Möglichkeiten unter Ausnutzung der Chancen, die die Technologie ihnen bietet, zu einer glaubwürdigen Alternative werden und sich engagieren, um dem »Zuschauer-Dasein« der Bürger ein Ende zu setzen und ihnen die Wirklichkeit zugänglich zu machen. Diese Suche nach Alternativen betrifft selbstverständlich nicht allein die Medien. Auch in Kunst und Kultur wird die Stimme der Straße lauter. Ein britischer Graffiti-Künstler bot ein einzigartiges Beispiel für globale Künstlersolidarität, als er das Abbild einer politischen Gefangenen in Diyarbakır auf eine Mauer mitten in Manhattan malte.[17]

17 Im März 2018 malte der Street-Art-Künstler Banksy die Journalistin Zehra Doğan, die zu zwei Jahren, neun Monaten und 22 Tagen Haft verurteilt wurde, weil sie selbstgemalte Bilder und die Tagebücher

Staatspräsident Erdoğan, der in der Türkei innerhalb der letzten zwei Jahre sechzehn Fernsehkanäle, 45 Zeitungen, fünfzehn Zeitschriften und dreißig Verlage schließen, fünftausend Wissenschaftler vor die Tür setzen, Bücher konfiszieren, Statuen niederreißen, Konzerte und Serien verbieten ließ, klagte in einer Rede: »Wir sind seit vierzehn Jahren an der Macht, aber die Beherrschung des sozialen und kulturellen Bereichs bereitet uns noch immer Sorge.«[18] Dieses Eingeständnis belegt, wie effektiv der kulturelle Widerstand ist. Der Regierungsmacht, der es im Handumdrehen gelingt, die Bereiche Politik, Verwaltung und Wirtschaft zu übernehmen, fällt es schwer, sich in soziokulturellen Bereichen durchzusetzen, in denen es um die Gestaltung von Präferenzen geht. Denn hier existiert eine starke Ballung, die nicht mit der Angel des Glaubens zu erbeuten, mit der Möhre des Geldes zu verführen ist. Aus diesem Grund sind die Machthaber, die im Lauf von vierzehn Jahren zahllose Brücken, Straßen und Quartiere gebaut haben, nicht imstande, einen einzigen Film, eine Serie, ein Musikstück oder Buch mit Massenwirkung zu kreieren.

Wenn es den Verfechtern der Aufklärung in Ländern wie der Türkei noch immer gelingt, dem Aufstieg der Reaktionäre und dem Druck der Macht standzuhalten – und sei

eines Zehnjährigen aus Nusaybin an der türkisch-syrischen Grenze unter Ausgangssperre und Beschuss durch die türkische Armee in den sozialen Medien geteilt hatte. (AdÜ)

18 http://www.hurriyet.com.tr/erdogan-biz-14-yildir-kesintisiz-siyasi-iktida-40472521

es stillschweigend –, dann liegt das auch daran, dass die ideologischen Staatsapparate für Kunst und Kultur ungeeignet sind.

Und darin liegt einer unserer Hauptvorteile.

Dass wir im Gegensatz zum Geist der Repression, der Gehorsam befiehlt, gelernt haben zu hinterfragen, hat es uns vielleicht erschwert zusammenzustehen, hat uns in Splittergruppen gespalten, in Meinungsverschiedenheiten getrieben, in zahllose Lager getrennt, zugleich aber hat es dafür gesorgt, dass wir am Pluralismus festhalten, einem unverzichtbaren Bestandteil moderner Demokratie. Die Kultur ist zu einer bedeutenden Bastion demokratischen Widerstands geworden.

Jetzt ist es an der Zeit, aktiv zu werden, um diesen Widerstand auf die anderen Bereiche auszudehnen, ihn zu verstärken und auf allen Ebenen Demokratie zu etablieren.

KNOW-HOW

Die Epoche, in der die USA und Europa dem Rest der Welt »Demokratie« per Invasion brachten, ist vorüber. Wir, die wir uns in Ländern mit repressiven Regimen oder unter Besatzung seit langem für Demokratie einsetzen, verfügen über mehr Erfahrung als jene, die gerade erst den Kampf aufnehmen. Denn der religiös gefärbte Populismus hat vor seiner Weltpremiere einen Probelauf in der Türkei absolviert.

Zahlreiche Rechte, die Menschen in »demokratischen Ländern« von Geburt an haben, mussten wir uns erkämpfen. Ebenso erlebten wir, dass Rechte, die man im Westen für sicher und unveränderlich hält, unversehens entzogen werden können. Für diese Rechte traten wir ein und zahlten hohe Preise dafür, manche von uns sogar mit dem Leben. Einige konnten wir zurückerobern, andere nahm man uns. Wir standen wegen unserer Meinung vor Gericht, wurden wegen unserer Berichterstattung inhaftiert, wurden geschlagen, weil wir demonstrierten, erlebten Unrecht, Folter, Isolation und Mord. Als die Gewaltenteilung ausgesetzt wurde und sich die gesamte Macht in einer einzigen Hand konzentrierte, sahen wir die Gerechtigkeit auf einen Schlag verschwinden. In einem Unrechtsstaat, der sich »Demokratie« nennt, machten wir während unseres Engagements die Erfahrung, dass Rechtsstaat und Gerechtigkeit noch wichtiger als Demokratie sind.

Klingelt es in der Morgendämmerung an unserer Tür, wissen wir, dass es nicht der Milchmann ist. Deshalb kennen wir den Wert von Freiheit, Laizismus, Menschenrechten und Demokratie genau. Deshalb sind wir in der Lage, amerikanischen Journalisten, die sich jetzt gegen einen die Pressefreiheit missachtenden Präsidenten wehren, unser Knowhow anzubieten. Wir können Frankreich und Deutschland einiges darüber erzählen, wie sich populistische, rassistische und religiöse Organisationen heimtückisch in das entstehende Vakuum drängen, wenn die Parteien der Mitte abstürzen. Wir können anderen muslimischen Völkern erläutern, wie in einem Land mit großer muslimischer Bevölkerungsmehrheit Laizismus zwar möglich, aber zugleich äußerst fragil ist.

Im Gegenzug gibt es vieles, was wir von ihnen lernen können. Um dieses Menschheitswissen miteinander teilen zu können, müssen wir die Grenzen, in die man uns gesperrt hat, überwinden. Wie der Schaden durch die durchlöcherte Ozonschicht, die verschmutzte Luft und die schmelzenden Gletscher keine Grenzen kennt, vergiften auch die Verletzung von Menschenrechten, die Einschränkung von Freiheit und die Beschneidung der Demokratie unseren Planeten. Als die von der Demokratie überzeugten Kräfte der Welt trennen uns nicht länger unsere Staaten voneinander, sondern unsere Maximen. Wir tragen nicht die Fahnen unserer Prinzen, sondern die unserer Prinzipien.

Wir Menschen von unterschiedlichen Kontinenten, aus unterschiedlichen Ländern und Schichten, verschiedener Ethnien und Religionen, in all unserer Pluralität sitzen in ein und demselben Boot. Wir richten unser Streben darauf, uns vor dem heraufziehenden großen Sturm in Sicherheit zu bringen. Unsere Zukunft hängt wie nie zuvor von uns allen ab. Die Worte Edmund Burkes sollten unser Leitspruch sein:

Das Böse triumphiert allein dadurch, dass gute Menschen nichts unternehmen.

Damit das Gute über das Böse triumphiert, müssen wir uns auf globaler Ebene unverzüglich gegenseitig stärken, solidarisieren und eine demokratische, gerechte, freiheitliche, gleichberechtigte, anti-sexistische, anti-militaristische und anti-populistische neue Sprache entwickeln und in ihr kommunizieren.

Ohne uns von Grenzen, Hindernissen und Ängsten aufhalten zu lassen, müssen wir zusammenarbeiten und uns unsere Welt aus den Klauen der Finsternis zurückholen.

DIE KRISE EUROPAS

Europa, das aus Gründen seiner Geschichte ein Pionier in diesem Kampf sein sollte, tut das Gegenteil, verschließt fest die Tür seiner Kajüte, um sich vor dem aufziehenden Sturm zu schützen. Dabei wissen wir genau, dass auch der alte Kontinent keine Chance zu überleben hat, wenn das Schiff voll Wasser läuft oder Felsen rammt, wenn die Menschheit in der Flut untergeht.

Als Europa nach der Flüchtlingskrise Gefahr witterte, zog es den Kopf ein und verkroch sich wie ein Igel, der sich einrollt und seine Stacheln nach außen richtet. Fest verschloss es seine Tore, erhöhte seine Mauern und sicherte seine Grenzen mit Stacheldraht. Als Angela Merkel es wagte, die Tore zu öffnen, ließ die Strafe nicht lange auf sich warten, und in Deutschland wurden die Populisten zur stärksten Oppositionspartei.

Der schmutzige Deal, den Europa mit der Türkei zur Eindämmung des Flüchtlingsstroms schloss, hat uns gezeigt, dass Europa sich nicht scheut, seine Prinzipien über Bord zu werfen, wenn es um seine Interessen geht. Europa kapitulierte vor Erdoğan, der mit dem Schlüssel zu den Flüchtlingscamps winkte und es damit erpresste, gegebenenfalls die Tore zu öffnen.[19] Und es kehrte den Menschen, die sich in der Türkei für Demokratie einsetzen, den Rücken.

Für uns in der Türkei aber war Europa kein touristisches Ziel, das wir bei der versprochenen Visafreiheit sofort bereisen wollten. Es bedeutete für uns die Unabhängigkeit der Justiz. Pressefreiheit. Bürgerbeteiligung. Zivilgesellschaft. Gewaltenteilung. Gleichberechtigung der Geschlechter. Das Recht, anders zu sein. Anti-Militarismus. Laizismus/Säkularismus. Kurz: es war der Inbegriff von Demokratie. Um dieser Prinzipien willen wären wir gern ein Teil der EU geworden. Die EU, die ihre eigenen Prinzipien aufgab, um die wir unter Einsatz unseres Lebens kämpfen, ging dem Populismus in die Falle. Und wir gerieten in die Lage, gegen den Westen die Werte zu verteidigen, die er sich selbst auf die Fahnen schreibt. Die Türkei sollte europäisch werden, stattdessen aber türkisierte sich Europa.

Andererseits büßte das sich einigelnde Europa in dieser Phase seine ehemalige politische Effektivität, seinen Einfluss ein. Die Vorherrschaft des Westens im globalen System weicht mehr und mehr einer Herrschaft des Ostens, in

19 https://www.reuters.com/article/us-europe-migrants-eu-turkey/turkeys-erdogan-threatened-to-flood-europe-with-migrants-greek-website-idUSKCN0VH1R0

der Russland und China aufsteigen, wo Menschenrechte nicht sonderlich populär sind.

Häuser mit fest verschlossenen Türen setzen mangels Lüftung Schimmel an, in ihnen wird man krank. Für Staaten gilt dasselbe.

Der Weg Europas zur Überwindung der Krise, zur Rückgewinnung seines Ansehens in der Welt und zur Bewältigung des aufsteigenden Populismus führt über die Rückbesinnung auf die Grundprinzipien, die es ausmachen, und die Solidarisierung mit Demokraten, die sich ihre Prinzipien zu eigen machen, statt mit Despoten, die ihren Interessen dienen.

Zur Herstellung einer solchen Solidarität müssen wir alternative Beziehungsmodelle entwickeln, die politische und finanzielle Alltagspräferenzen von Regierungen und Kapital überwinden.

Deutschland im Besonderen und Europa im Allgemeinen muss erkennen, dass die Türkei mehr ist als Erdoğan. Und die demokratischen Kräfte Europas müssen, ungeachtet dessen, was ihre Regierungen tun, auf Seiten derer stehen, die in der Türkei und auf der ganzen Welt den Kampf für Freiheit führen.

Vertrauen wir Leonard Cohens Prophezeiungen und wünschen uns für die ganze Welt, was er auf seinem Album *The Future* für die USA freudig verkündete:

From the wars against disorder
From the sirens night and day
From the fires of the homeless
From the ashes of the gay
Democracy is coming to the U.S.A.[20]

20 Leonard Cohen: *Democracy* vom Album *The Future.*

Can Dündar
Verräter
Von Istanbul nach Berlin.
Aufzeichnungen im deutschen Exil
Aus dem Türkischen von Sabine Adatepe
192 Seiten, gebunden
ISBN 978-3-455-00188-4
Hoffmann und Campe Verlag

Manche Bücher liegen verlassen in einer Schublade und warten darauf, geschrieben zu werden. Andere sind ungeduldig, rufen laut: »Schreib mich!« und drängeln. Dieses Buch hätte ich schreiben können, wenn irgendwann die Wunden des Exils verheilt und vernarbt sind, doch ich wollte, dass man weiß, um welchen Preis wir Widerstand leisten, dass man sieht, wie wir innerlich bluten, und dass bekannt wird, wer der eigentliche Landesverräter ist.

Can Dündar lebt in Deutschland im Exil, um seinen Kampf für die Pressefreiheit fortsetzen zu können. In der Türkei ist Journalismus zum Verbrechen geworden, Erdoğan und seinen Anhängern gilt Dündar als Landesverräter. Auch in Deutschland wird er massiv bedroht und muss getrennt von seiner Familie leben. Trotzdem gibt er nicht auf, mutig für eine demokratische Türkei zu kämpfen und unermüdlich die Türkei-Politik Europas zu kritisieren.

»Dieses Buch ist auch ein Buch der Hoffnung –
dass die Freiheit des Wortes sich am Ende als
stärker erweist als ihre Gegner.«
Jan Ehlert, NDR

Can Dündar
Lebenslang für die Wahrheit.
Aufzeichnungen aus dem Gefängnis
Aus dem Türkischen von Sabine Adatepe
304 Seiten, gebunden
ISBN 978-3-455-50424-8
Hoffmann und Campe Verlag

Im November 2015 wird Can Dündar, Chefredakteur der regierungskritischen Tageszeitung *Cumhuriyet*, verhaftet. Ihm wird Spionage und Verrat von Staatsgeheimnissen vorgeworfen. Sein Vergehen: Er hat die Waffenlieferungen des türkischen Geheimdienstes an syrische Extremisten aufgedeckt. Staatspräsident Erdoğan stellt persönlich Strafanzeige und fordert lebenslange Haft. Nach drei Monaten Einzelhaft kommt Can Dündar vorläufig frei. Dann wird er in erster Instanz zu knapp sechs Jahren Gefängnis verurteilt. Vor dem Gerichtsgebäude wird auf Dündar geschossen, der Attentäter beschimpft ihn als Vaterlandsverräter. In *Lebenslang für die Wahrheit* erzählt Dündar die Geschichte hinter der Geschichte, von der mutigen Entscheidung, über die illegalen Waffenlieferungen zu berichten, bis zu seiner Verhaftung und seiner Zeit in Einzelhaft. Innerhalb der grauen Betonmauern schöpft er neue Kraft für seinen Kampf für Presse- und Meinungsfreiheit.

»Eine fesselnde und sogar aufbauende Lektüre,
weil hier einer mit der einfachsten Waffe des
Aufklärens, mit Stift und Papier, gegen
Lügen und Machtmissbrauch kämpft.«
Süddeutsche Zeitung